Impressum
Verlag: BABADADA GmbH, Nedderfeld 112 , 22529 Hamburg
Geschäftsführer / Verlagsleitung: Harald Hof
Druck: Books on Demand GmbH, In de Tarpen 42, 22848 Norderstedt

Imprint
Publisher: BABADADA GmbH, Nedderfeld 112 , 22529 Hamburg, Germany
Managing Director / Publishing direction: Harald Hof
Print: Books on Demand GmbH, In de Tarpen 42, 22848 Norderstedt, Germany

5ch00l

школа

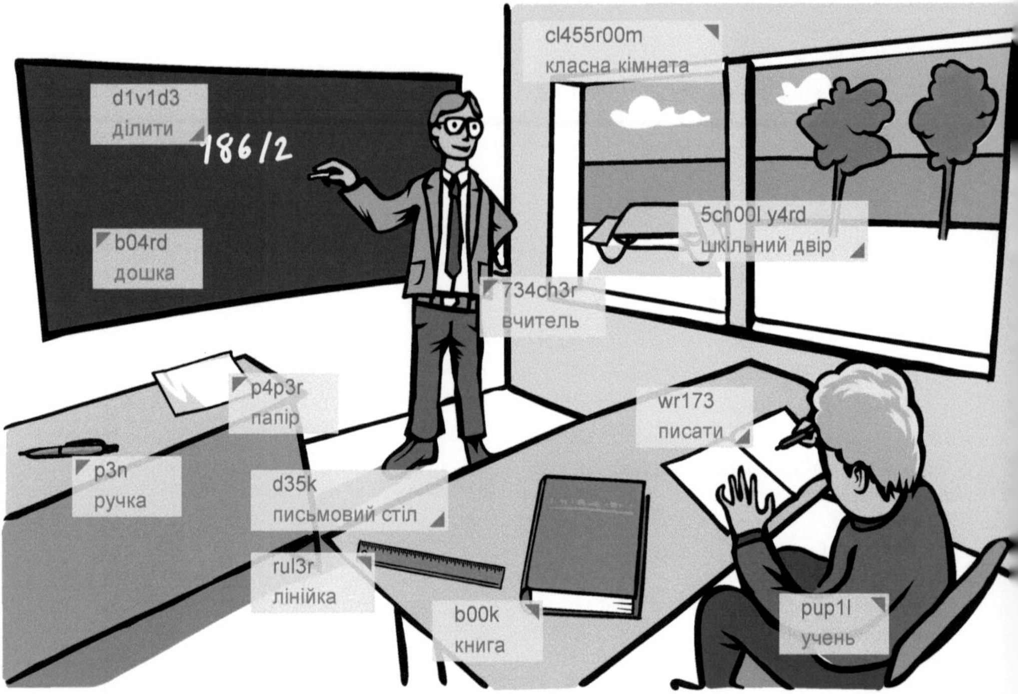
cl455r00m
класна кімната
d1v1d3
ділити
186/2
b04rd
дошка
5ch00l y4rd
шкільний двір
734ch3r
вчитель
p4p3r
папір
wr173
писати
p3n
ручка
d35k
письмовий стіл
rul3r
лінійка
b00k
книга
pup1l
учень

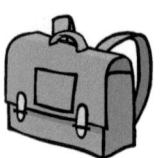

547ch3l
ранець

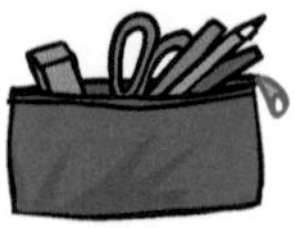

p3nc1l c453
пенал

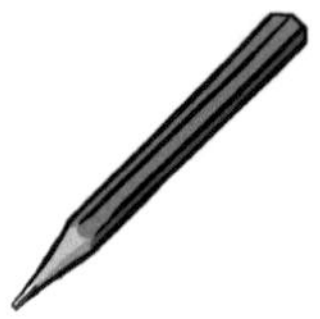

p3nc1l
олівець

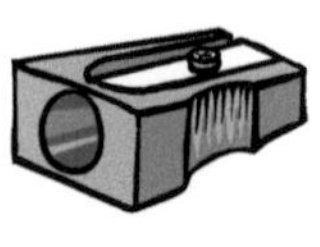

p3nc1l 5h4rp3n3r
точило

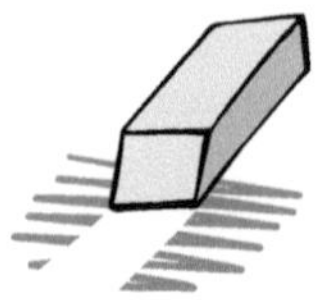

rubb3r
гумка

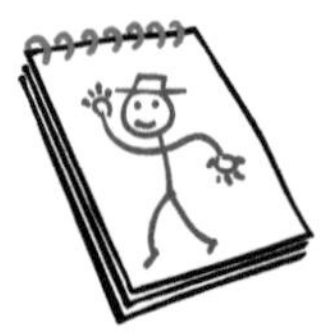

dr4w1n6 p4d
альбом для малювання

dr4w1n6

малюнок

p41n7bru5h

пензель

p41n7 b0x

коробка фарб

5c1550r5

ножиці

6lu3

клей

3x3rc153 b00k

зошит

h0m3w0rk

домашнє завдання

numb3r

число

4dd

додавати

5ub7r4c7

віднімати

mul71ply

множити

c4lcul473

рахувати

l3773r

літера

4lph4b37

абетка

w0rd

слово

73x7

текст

r34d

читати

ch4lk

крейда

l3550n

година

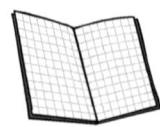

r361573r

класний журнал

3x4m1n4710n

екзамен

c3r71f1c473

диплом

5ch00l un1f0rm

шкільна форма

3duc4710n

освіта

3ncycl0p3d14

лексикон

un1v3r517y

університет

m1cr05c0p3

мікроскоп

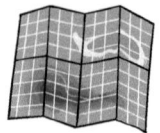

m4p

карта

w4573-p4p3r b45k37

кошик для паперу

7r4v3l

подорож

h073l
готель
h0573l
турбаза
ROOMS
CHANGE
curr3ncy 3xch4n63 0ff1c3
обмінний пункт
5u17c453
валіза
c4r
автомобіль

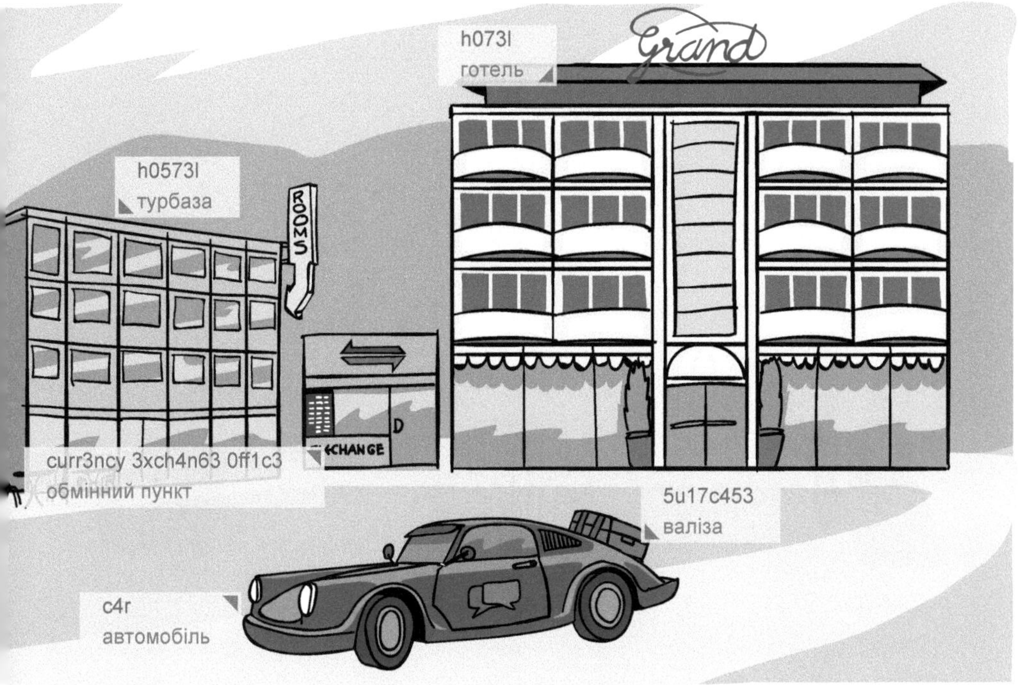

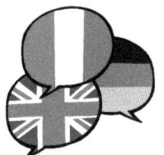

l4n6u463

мова

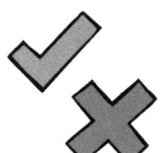

y35 / n0

так / ні

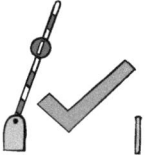

0k4y

добре

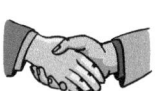

h3ll0

привіт

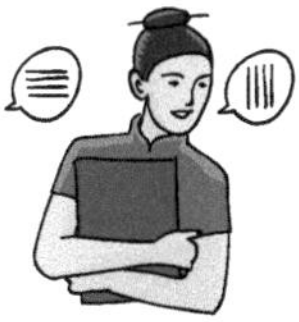

7r4n5l470r

перекладач

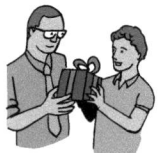

7h4nk y0u

дякую

how much 15
Скільки коштує ...?

1 d0 n07 und3r574nd
Я не розумію

pr0bl3m
проблема

600d 3v3n1n6!
Добрий вечір!

600d m0rn1n6!
Доброго ранку!

600d n16h7!
На добраніч!

600dby3
До побачення

d1r3c710n
напрямок

lu66463
багаж

b46
сумка

b4ckp4ck
рюкзак

6u357
гість

r00m
кімната

5l33p1n6 b46
спальний мішок

73n7
намет

70ur157 1nf0rm4710n

туристична інформація

b34ch

пляж

cr3d17 c4rd

кредитна картка

br34kf457

сніданок

lunch

обід

d1nn3r

вечеря

71ck37

квиток

3l3v470r

ліфт

574mp

поштова марка

b0rd3r

межа

cu570m5

митниця

3mb455y

посольство

v154

віза

p455p0r7

паспорт

7r4n5p0r7

транспорт

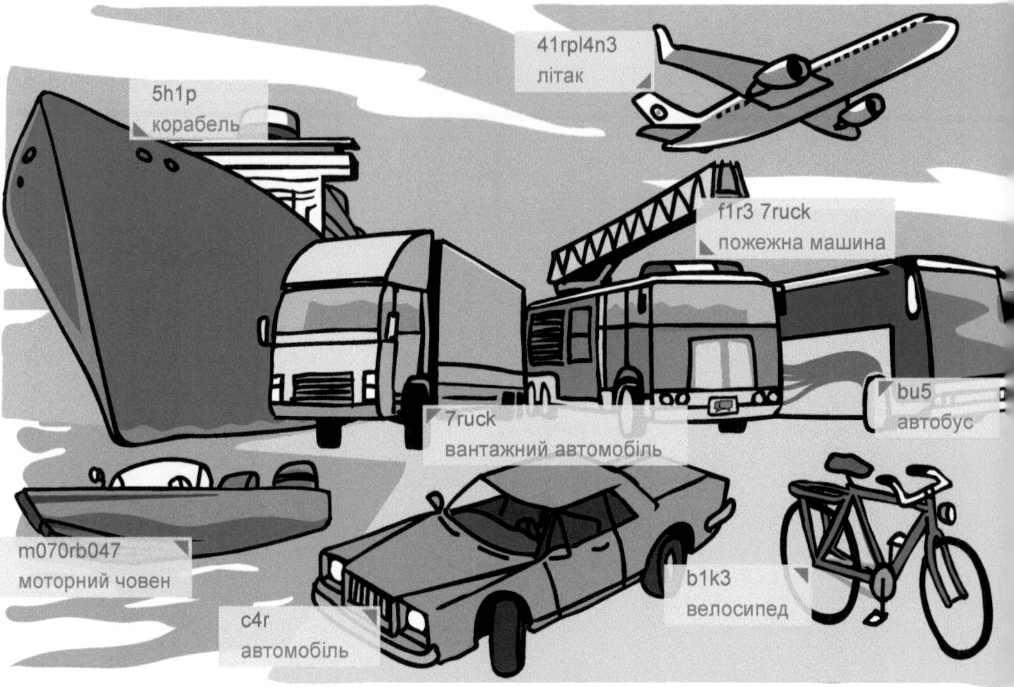
41rpl4n3
літак
5h1p
корабель
f1r3 7ruck
пожежна машина
7ruck
вантажний автомобіль
bu5
автобус
m070rb047
моторний човен
b1k3
велосипед
c4r
автомобіль

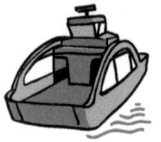

f3rry
пором

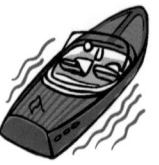

b047
човен

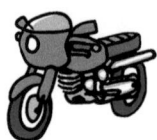

m070rb1k3
мотоцикл

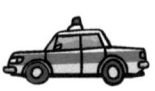

p0l1c3 c4r
поліцейська машина

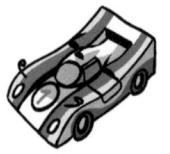

r4c1n6 c4r
гоночний автомобіль

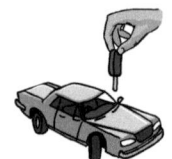

r3n74l c4r
автомобіль на прокат

c4r 5h4r1n6

спільне користування авто

70w 7ruck

евакуатор

64rb463 7ruck

сміттєвоз

3n61n3

двигун

fu3l

паливо

fu3l 574710n

автозаправна станція

7r4ff1c 516n

дорожній знак

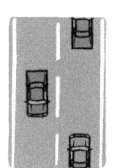

7r4ff1c

рух

7r4ff1c j4m

затор

p4rk1n6 l07

стоянка

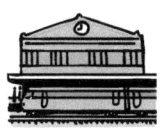

7r41n 574710n

вокзал

7r4ck5

рейки

7r41n

потяг

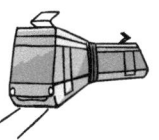

7r4m

трамвай

w460n

вагон

h3l1c0p73r

геликоптер

41rp0r7

аеропорт

70w3r

вежа

p4553n63r

пасажир

c0n741n3r

контейнер

c4r70n

коробка

c4r7

візок

b45k37

кошик

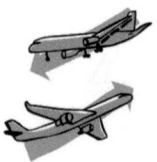

74k3 0ff / l4nd

стартувати / приземлятися

c17y

місто

v1ll463

село

c17y c3n73r

центр міста

h0u53

дім

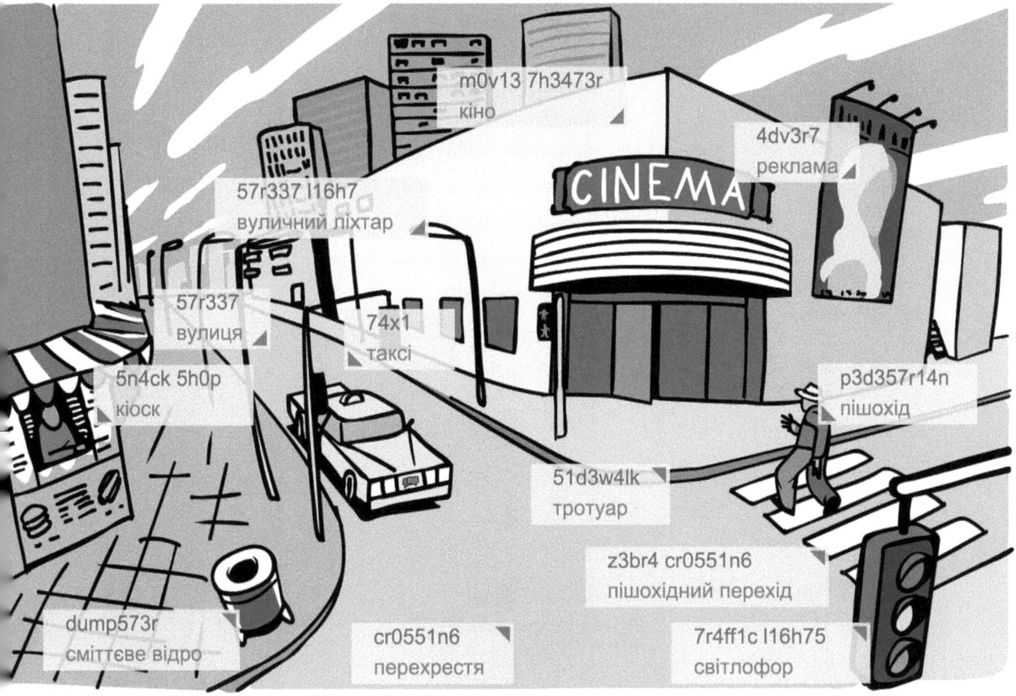

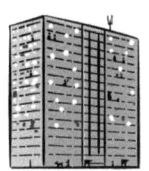

m0v13 7h3473r
кіно

4dv3r7
реклама

57r337 l16h7
вуличний ліхтар

57r337
вулиця

74x1
таксі

p3d357r14n
пішохід

5n4ck 5h0p
кіоск

51d3w4lk
тротуар

z3br4 cr0551n6
пішохідний перехід

dump573r
сміттєве відро

cr0551n6
перехрестя

7r4ff1c l16h75
світлофор

hu7

хатина

4p4r7m3n7

квартира

7r41n 574710n

вокзал

c17y h4ll

ратуша

mu53um

музей

5ch00l

школа

un1v3r517y

університет

b4nk

банк

h05p174l

лікарня

h073l

готель

ph4rm4cy

аптека

0ff1c3

офіс

b00k 5h0p

книжковий магазин

5h0p

магазин

fl0w3r 5h0p

квітковий магазин

5up3rm4rk37

супермаркет

m4rk37

ринок

d3p4r7m3n7 570r3

універмаг

f15hm0n63r'5 5h0p

торговець рибою

m4ll

торговельний центр

h4rb0r

гавань

p4rk

парк

b3nch

лава

br1d63

міст

5741r5

сходи

5ubw4y

метро

7unn3l

тунель

bu5 570p

автобусна зупинка

b4r

бар

r3574ur4n7

ресторан

p057b0x

поштова скринька

57r337 516n

вулична табличка

p4rk1n6 m373r

лічильник паркування

z00

зоопарк

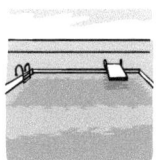

5w1mm1n6 p00l

басейн

m05qu3

мечеть

f4rm

ферма

p0llu710n

забруднення
навколишнього
середовища

c3m373ry

кладовище

church

церква

pl4y6r0und

дитячий майданчик

73mpl3

храм

l4nd5c4p3

ландшафт

l34f
листок

516np057
вказівний стовп

p47h
шлях

m34d0w
луг

570n3
камінь

7r33
дерево

h1k3r
мандрівник

r1v3r
річка

6r455
трава

fl0w3r
квітка

v4ll3y

долина

h1ll

гора

l4k3

озеро

f0r357

ліс

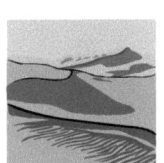

d353r7

пустеля

v0lc4n0

вулкан

c457l3

замок

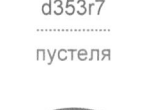

r41nb0w

веселка

mu5hr00m

гриб

p4lm 7r33

пальма

m05qu170

комар

fly

муха

4n7

мурашка

b33

бджола

5p1d3r

павук

l4nd5c4p3 - ландшафт

b337l3

жук

fr06

жаба

5qu1rr3l

вивірка

h3d63h06

їжак

h4r3

заєць

0wl

сова

b1rd

птах

5w4n

лебідь

b04r

кабан

d33r

олень

m0053

лось

d4m

гребля

w1nd 7urb1n3

вітряк

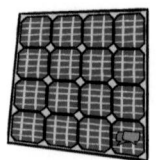

50l4r p4n3l

сонячний модуль

cl1m473

клімат

l4nd5c4p3 - ландшафт

r3574ur4n7

ресторан

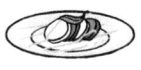

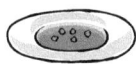

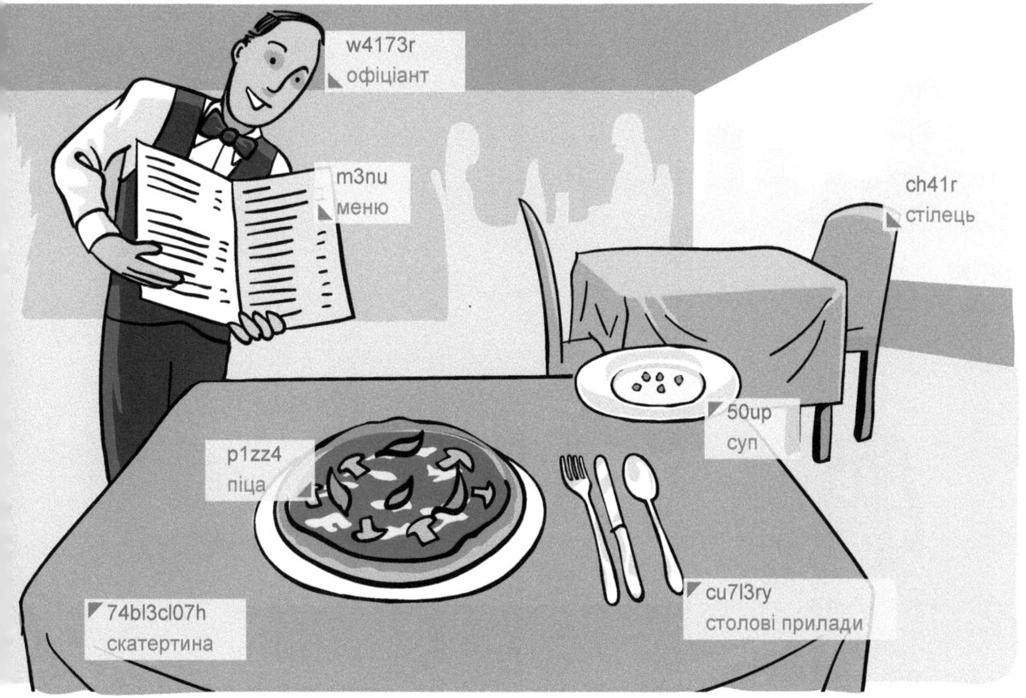
w4173r
офіціант
m3nu
меню
ch41r
стілець
50up
суп
p1zz4
піца
cu7l3ry
столові прилади
74bl3cl07h
скатертина

574r73r

закуска

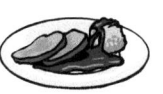

m41n c0ur53

друга страва

d3553r7

десерт

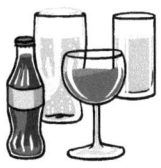

dr1nk5

напої

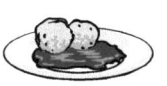

f00d

їжа

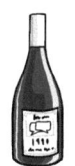

b077l3

пляшка

f457 f00d

фаст-фуд

57r337 f00d

вулична їжа

734p07

чайник

5u64r b0wl

цукорниця

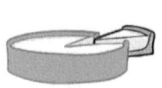

p0r710n

порція

35pr3550 m4ch1n3

еспресо-машина

h16h ch41r

високий стільчик

b1ll

рахунок

7r4y

піднос

kn1f3

ніж

f0rk

вилка

5p00n

ложка

7345p00n

чайна ложка

53rv13773

серветка

6l455

склянка

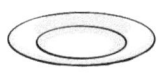

pl473

тарілка

50up pl473

тарілка для супу

54uc3r

блюдце

54uc3

соус

54l7 5h4k3r

солонка

p3pp3r m1ll

млин для перцю

v1n364r

оцет

01l

масло

5p1c35

спеції

k37chup

кетчуп

mu574rd

гірчиця

m4y0nn4153

майонез

5up3rm4rk37

супермаркет

5p3c14l 0ff3r
пропозиція
FOR
cu570m3r
клієнт
d41ry pr0duc75
молочні продукти
fru17
фрукти
5h0pp1n6 c4r7
візок для покупок

BUTCHERS

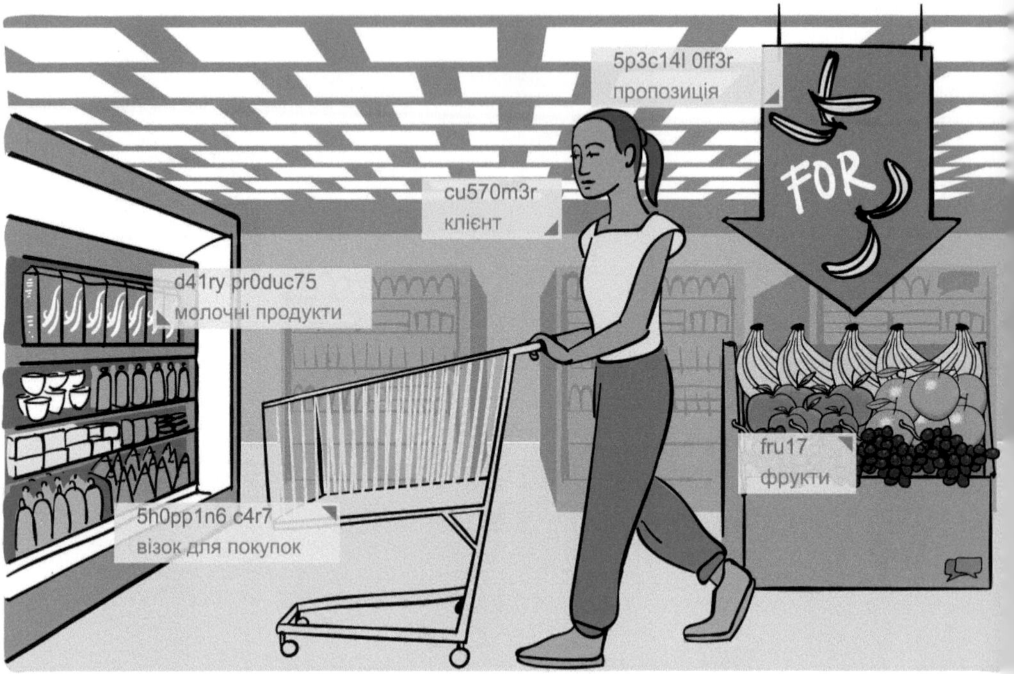

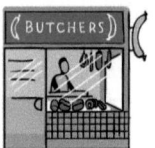

bu7ch3r'5 5h0p

м'ясний магазин

BAKERY

b4k3ry

пекарня

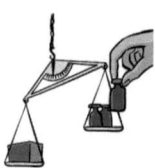

w316h

зважувати

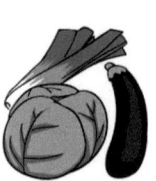

v36374bl35

овочі

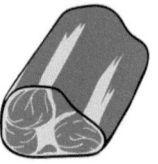

m347

м'ясо

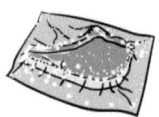

fr0z3n f00d

заморожені продукти

c0ld cu75

ковбасна нарізка

c4nn3d f00d

консерви

d373r63n7

пральний порошок

c4ndy

солодощі

h0u53h0ld pr0duc75

предмети домашнього побуту

cl34n1n6 pr0duc75

мийний засіб

54l35 r3pr353n7471v3

продавщиця

c45h r361573r

каса

c45h13r

касир

5h0pp1n6 l157

список покупок

0p3n1n6 h0ur5

часи роботи

w4ll37

гаманець

cr3d17 c4rd

кредитна картка

b46

сумка

pl4571c b46

поліетиленовий пакет

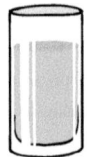

w473r

вода

ju1c3

сік

m1lk

молоко

c0k3

кола

w1n3

вино

b33r

пиво

4lc0h0l

алкоголь

c0c04

какао

734

чай

c0ff33

кава

35pr3550

еспресо

c4ppucc1n0

капучіно

b4n4n4

банан

4ppl3

яблуко

0r4n63

апельсин

m3l0n

кавун

l3m0n

лимон

c4rr07

морква

64rl1c

часник

b4mb00

бамбук

0n10n

цибуля

mu5hr00m

гриб

nu75

горішки

n00dl35

локшина

5p46h3771

спагеті

r1c3

рис

54l4d

салат

fr135

картопля фрі

fr13d p0747035

смажена картопля

p1zz4

піца

h4mbur63r

гамбургер

54ndw1ch

бутерброд

35c4l0p3

шніцель

h4m

шинка

54l4m1

салямі

54u5463

ковбаса

ch1ck3n

курка

r0457

печеня

f15h

риба

f00d - їжа

p0rr1d63 0475

вівсяні пластівці

mu35l1

мюслі

c0rnfl4k35

кукурудзяні пластівці

fl0ur

борошно

cr01554n7

круасан

br34d r0ll

булочка

br34d

хліб

70457

тостовий хліб

c00k135

печиво

bu773r

масло

curd

сир

c4k3

пиріг

366

яйце

fr13d 366

яєчня

ch3353

сир

1c3 cr34m

морозиво

5u64r

цукор

h0n3y

мед

j3lly

мармелад

n0u647 cr34m

нуга-крем

curry

карі

f4rm

ферма

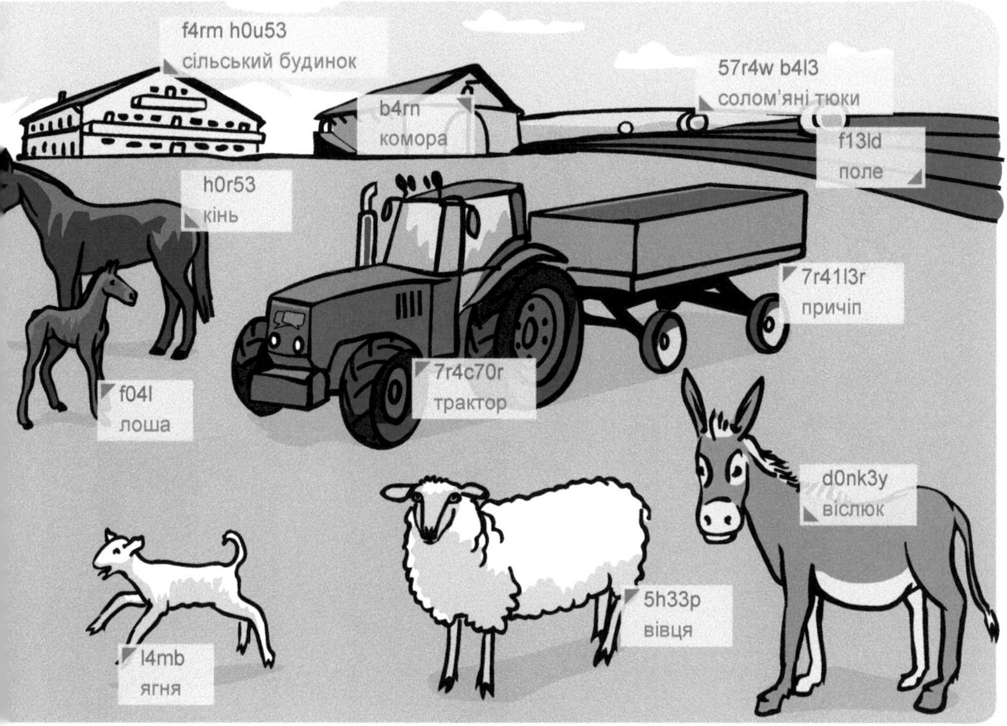
f4rm h0u53
сільський будинок
57r4w b4l3
солом'яні тюки
b4rn
комора
f13ld
поле
h0r53
кінь
7r41l3r
причіп
7r4c70r
трактор
f04l
лоша
d0nk3y
віслюк
5h33p
вівця
l4mb
ягня

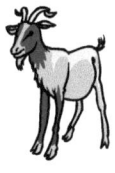

6047

коза

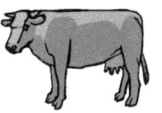

c0w

корова

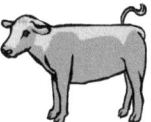

c4lf

теля

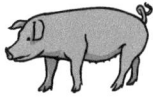

p16

свиня

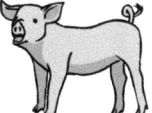

p16l37

порося

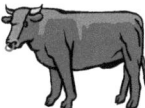

bull

бик

60053

гусак

duck

качка

ch1ck

курча

h3n

курка

c0ck3r3l

півень

r47

щур

c47

кіт

m0u53

миша

0x

віл

d06

собака

d06 h0u53

собача будка

64rd3n h053

садовий шланг

w473r1n6 c4n

лійка

5cy7h3

коса

pl0u6h

плуг

f4rm - ферма

51ckl3

серп

h03

мотика

p17chf0rk

вила

4x3

сокира

pu5hc4r7

тачка

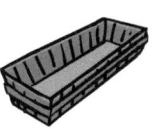

7r0u6h

корито

m1lk c4n

бідон молока

54ck

мішок

f3nc3

паркан

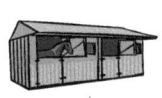

574bl3

хлів

6r33nh0u53

теплиця

501l

ґрунт

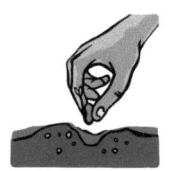

533d

насіння

f3r71l1z3r

добриво

c0mb1n3 h4rv3573r

комбайн

h4rv357

пожинати

h4rv357

урожай

y4m5

корінь ямсу

wh347

пшениця

50y4

соя

p07470

картопля

c0rn

кукурудза

r4p3533d

ріпак

fru17 7r33

плодове дерево

m4n10c

маніок

6r41n

злаки

h0u53

дім

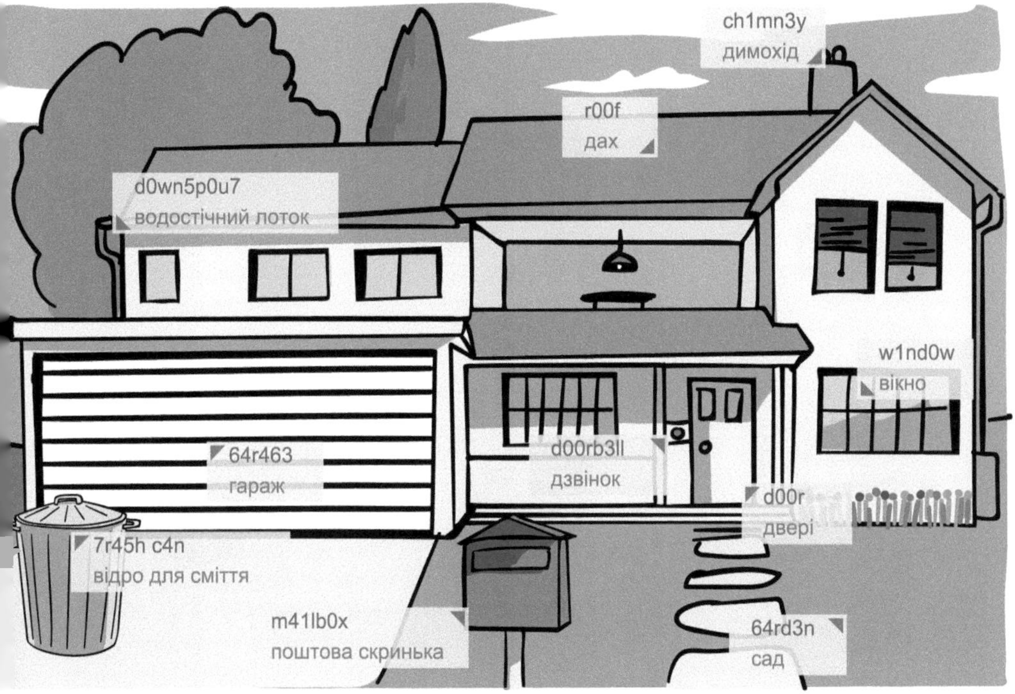
ch1mn3y
димохід
r00f
дах
d0wn5p0u7
водостічний лоток
w1nd0w
вікно
64r463
гараж
d00rb3ll
дзвінок
d00r
двері
7r45h c4n
відро для сміття
m41lb0x
поштова скринька
64rd3n
сад

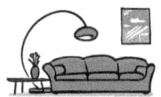

l1v1n6 r00m
....
вітальня

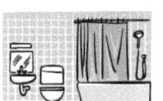

b47hr00m
....
ванна кімната

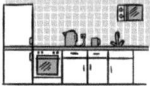

k17ch3n
....
кухня

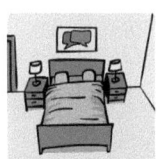

b3dr00m
....
спальня

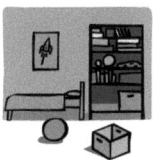

ch1ld'5 r00m
....
дитяча кімната

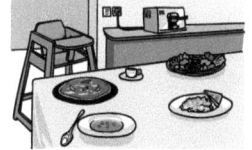

d1n1n6 r00m
....
їдальня

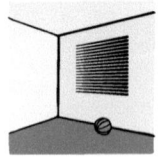

fl00r

підлога

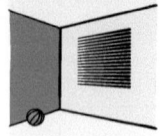

w4ll

стіна

c31l1n6

стеля

c3ll4r

підвал

54un4

сауна

b4lc0ny

балкон

73rr4c3

тераса

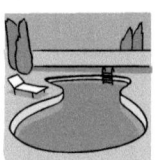

p00l

басейн

l4wn m0w3r

косарка

5h337

простирало

b3d5pr34d

ковдра

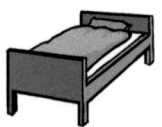

b3d

ліжко

br00m

мітла

buck37

відро

5w17ch

перемикач

l1v1n6 r00m

вітальня

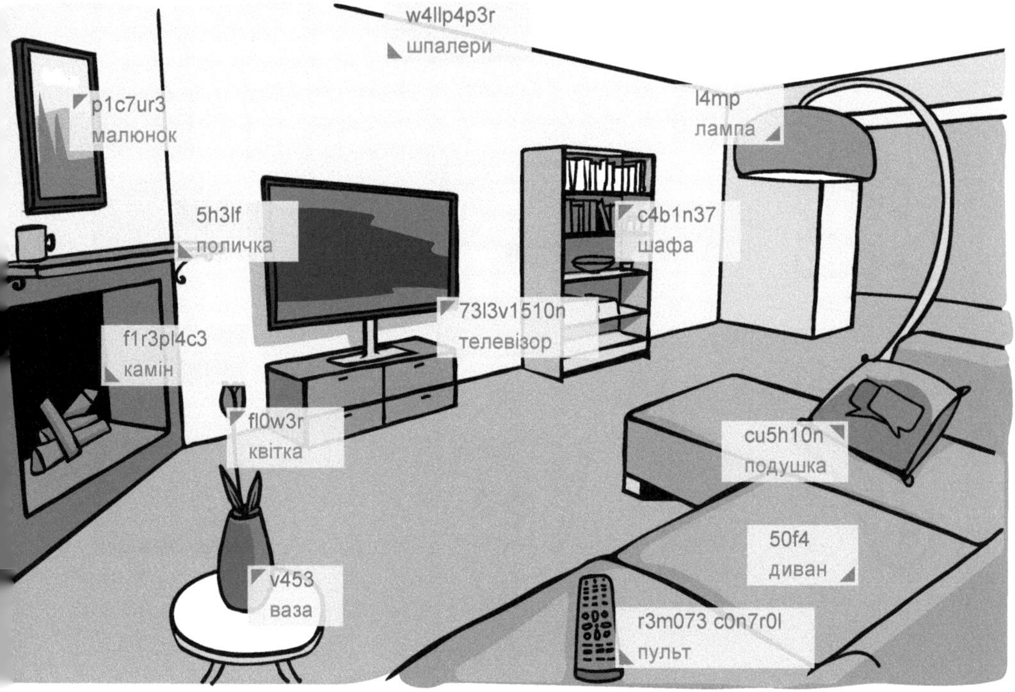

w4llp4p3r
шпалери
p1c7ur3
малюнок
l4mp
лампа
5h3lf
поличка
c4b1n37
шафа
73l3v1510n
телевізор
f1r3pl4c3
камін
fl0w3r
квітка
cu5h10n
подушка
50f4
диван
v453
ваза
r3m073 c0n7r0l
пульт

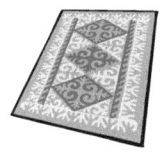

c4rp37

килим

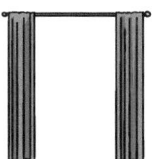

dr4p3

завіса

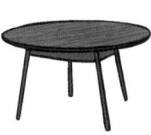

74bl3

стіл

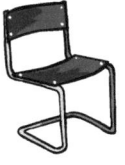

ch41r

стілець

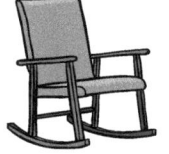

r0ck1n6 ch41r

крісло-гойдалка

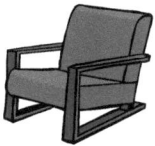

4rmch41r

крісло

b00k

книга

bl4nk37

ковдра

d3c0r4710n

прикраса

f1r3w00d

дрова

f1lm

фільм

573r30 5y573m

стереосистема

k3y

ключ

n3w5p4p3r

газета

p41n71n6

картина

p0573r

плакат

r4d10

радіо

n073b00k

блокнот

v4cuum cl34n3r

пилосос

c4c7u5

кактус

c4ndl3

свічка

k17ch3n

кухня

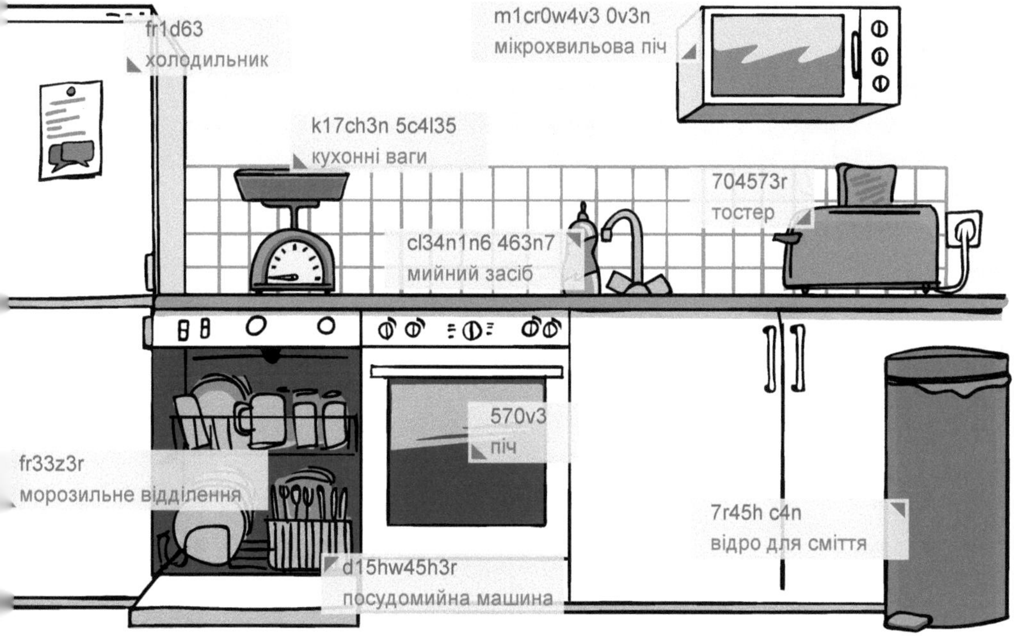

fr1d63
холодильник
m1cr0w4v3 0v3n
мікрохвильова піч
k17ch3n 5c4l35
кухонні ваги
704573r
тостер
cl34n1n6 463n7
мийний засіб
570v3
піч
fr33z3r
морозильне відділення
7r45h c4n
відро для сміття
d15hw45h3r
посудомийна машина

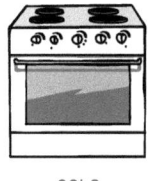

c00k3r

плита

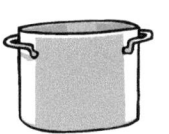

p07

горщик

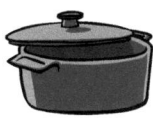

c457-1r0n p07

чавунний горщик

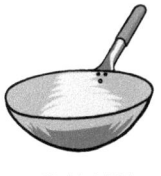

w0k / k4d41

вок / кадай

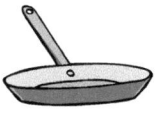

p4n

сковорода

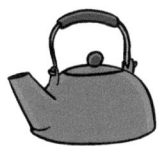

k377l3

чайник

5734m3r

пароварка

b4k1n6 7r4y

лист

cr0ck3ry

посуд

mu6

кухоль

b0wl

чаша

ch0p571ck5

палички для їжі

l4dl3

черпак

5p47ul4

лопатка

wh15k

вінчик для збивання

57r41n3r

сито

513v3

сито

6r473r

терка

m0r74r

ступка

b4rb3cu3

барбекю

f1r3pl4c3

багаття

ch0pp1n6 b04rd

дошка

r0ll1n6 p1n

качалка

c0rk5cr3w

штопор

c4n

конзерва

c4n 0p3n3r

відкривачка

0v3n cl07h

прихватки

51nk

раковина

bru5h

щітка

5p0n63

губка

bl3nd3r

міксер

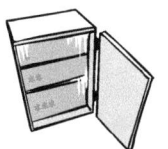

d33p fr33z3r

морозильна камера

b4by b077l3

дитяча пляшка

74p

кран

b47hr00m

ванна кімната

h3471n6
опалення
70w3l
рушник
5h0w3r
душ
5h0w3r cur741n
душова завіса
bubbl3 b47h
пініста ванна
b47h7ub
ванна
6l455
склянка
w45h1n6 m4ch1n3
пральна машина
74p
кран
71l35
плитка
p077y
горшок
51nk
раковина

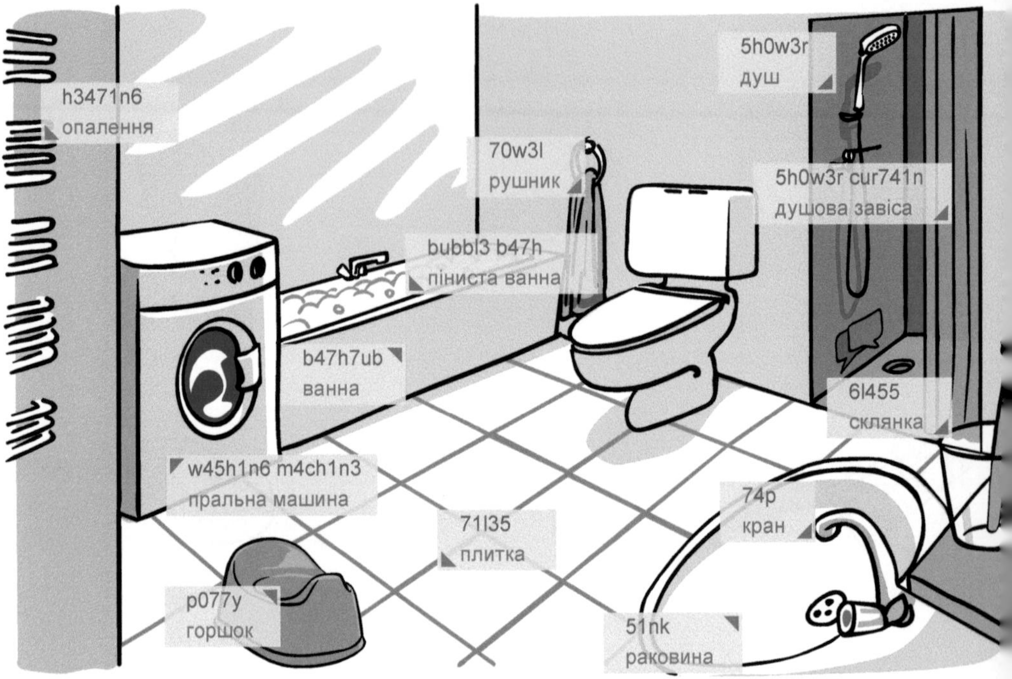

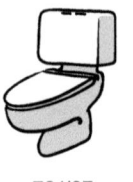

701l37

туалет

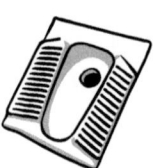

5qu47 701l37

підлоговий туалет

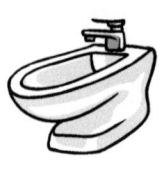

b1d37

біде

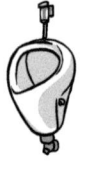

ur1n4l

пісуар

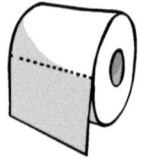

701l37 p4p3r

туалетний папір

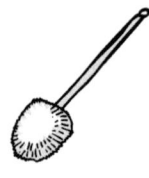

701l37 bru5h

щітка для туалету

7007hbru5h

зубна щітка

7007hp4573

зубна паста

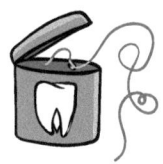

d3n74l fl055

нитка для чищення зубів

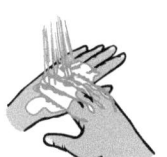

w45h

мити

h4nd 5h0w3r

ручний душ

d0uch3

інтимний душ

b451n

таз

b4ck bru5h

щітка для спини

504p

мило

5h0w3r 63l

гель для душу

5h4mp00

шампунь

fl4nn3l

мочалка

dr41n

водостік

cr3m3

крем

d30d0r4n7

дезодорант

m1rr0r

дзеркало

h4nd m1rr0r

косметичне дзеркало

r4z0r

бритва

5h4v1n6 f04m

піна для гоління

4f73r5h4v3

лосьйон після гоління

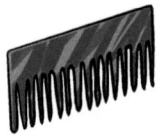

c0mb

гребінь

bru5h

щітка

h41r-dry3r

фен

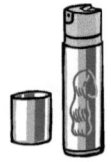

h41r5pr4y

лак для волосся

m4k3up

косметика

l1p571ck

губна помада

n41l v4rn15h

лак для нігтів

c0770n w00l

вата

n41l 5c1550r5

ножиці для нігтів

p3rfum3

парфум

w45hb46
....
косметичка

5700l
....
табурет

w316h1n6 5c4l35
....
ваги

b47hr0b3
....
халат

rubb3r 6l0v35
....
гумові рукавички

74mp0n
....
тампон

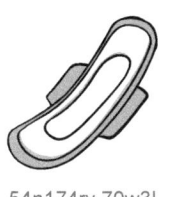

54n174ry 70w3l
....
гігієнічні прокладки

ch3m1c4l 701l37
....
біотуалет

ch1ld'5 r00m

дитяча кімната

4l4rm cl0ck
будильник
cuddly 70y
м'яка іграшка
70y c4r
іграшковий автомобіль
r477l3
брязкальце
d0ll'5 h0u53
ляльковий будиночок
pr353n7
подарунок

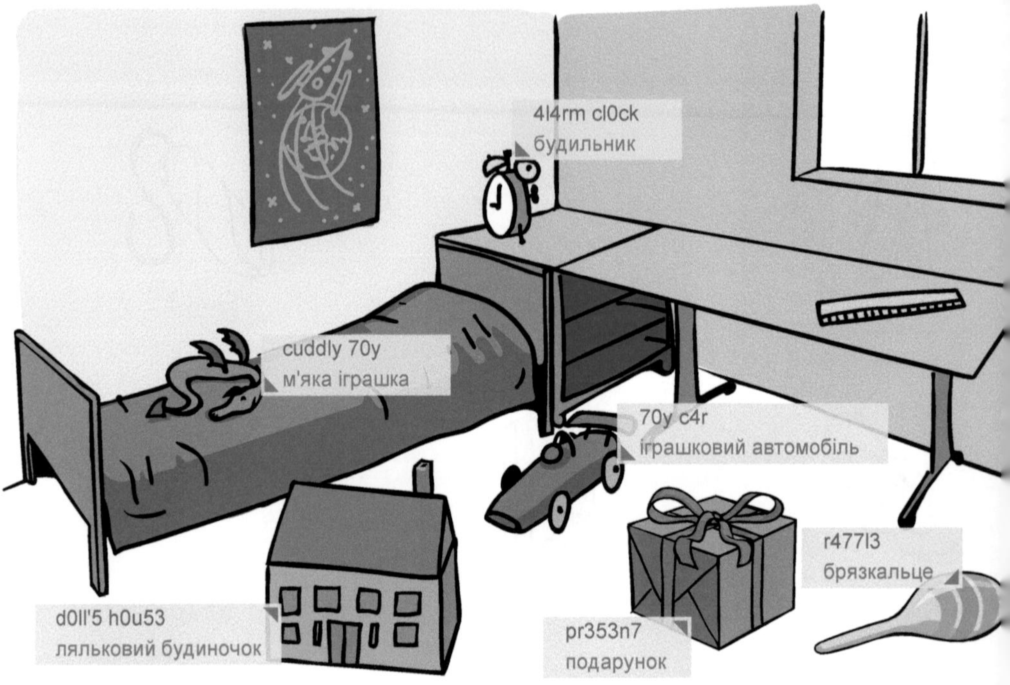

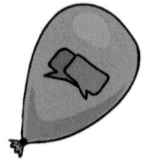

b4ll00n
повітряна кулька

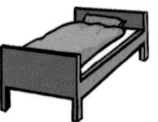

b3d
ліжко

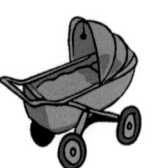

57r0ll3r
дитячий візок

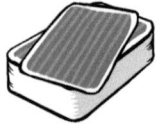

d3ck 0f c4rd5
картярська гра

j1654w
пазл

SUPER
MEGA

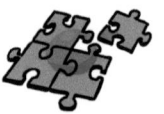

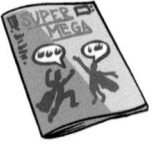

c0m1c
комікс

l360 br1ck5

лего цеглинки

70y bl0ck5

блоки

4c710n f16ur3

іграшкова фігурка

r0mp3r 5u17

повзунки

fr15b33

фризбі

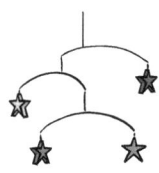

m0b1l3

мобіле

b04rd 64m3

настільна гра

d1c3

кубик

m0d3l 7r41n 537

модель залізнична станція

dummy

соска

p4r7y

вечірка

p1c7ur3 b00k

книжка з картинками

b4ll

м'яч

d0ll

лялька

pl4y

грати

54ndp17

пісочниця

5w1n6

гойдалка

70y

іграшка

v1d30 64m3 c0n50l3

гральна консоль

7r1cycl3

триколісний велосипед

73ddy b34r

плюшевий мішка

w4rdr0b3

шафа

cl07h1n6

одяг

50ck5

шкарпетки

570ck1n65

панчохи

716h75

колготки

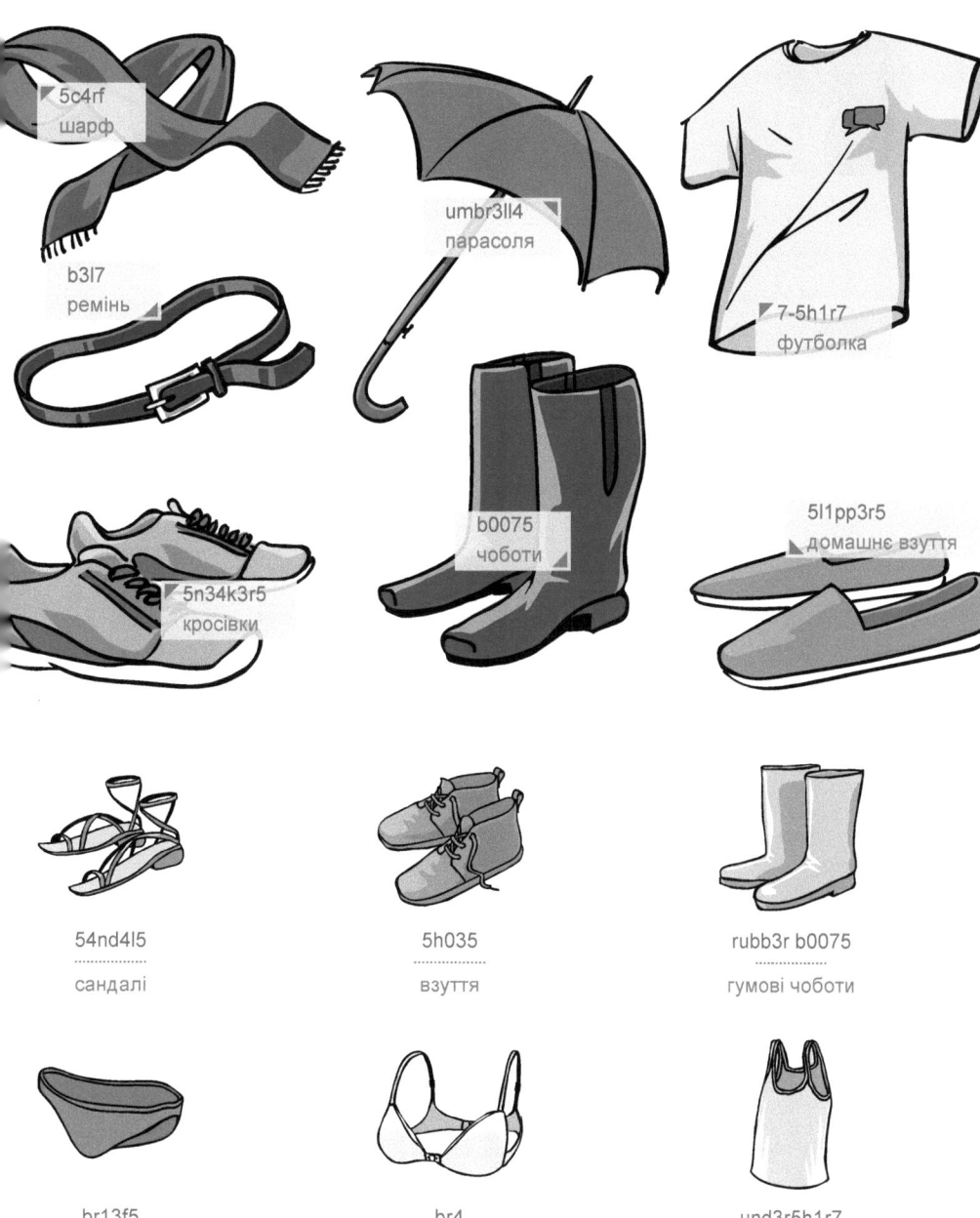

5c4rf
шарф

umbr3ll4
парасоля

7-5h1r7
футболка

b3l7
ремінь

b0075
чоботи

5l1pp3r5
домашнє взуття

5n34k3r5
кросівки

54nd4l5
сандалі

5h035
взуття

rubb3r b0075
гумові чоботи

br13f5
труси

br4
бюстгальтер

und3r5h1r7
нижня сорочка

b0dy

боді

p4n75

штани

j34n5

джинси

5k1r7

спідниця

bl0u53

блузка

5h1r7

сорочка

pull0v3r

пуловер

5w3473r

светр

bl4z3r

піджак

j4ck37

куртка

c047

пальто

r41nc047

дощовик

c057um3

костюм

dr355

сукня

w3dd1n6 dr355

весільна сукня

5u17

костюм

n16h760wn

нічна сорочка

p4j4m45

піжама

54r1

сарі

h34d5c4rf

головна хустка

7urb4n

чалма

burk4

бурка

k4f74n

кафтан

4b4y4

абая

5w1m5u17

купальник

7runk5

плавки

5h0r75

шорти

7r4ck5u17

ренувальний костюм

4pr0n

фартух

6l0v35

рукавички

bu770n

гудзик

6l45535

окуляри

br4c3l37

браслет

n3ckl4c3

ланцюг

r1n6

кільце

34rr1n6

сережка

c4p

шапка

c047 h4n63r

плічка

h47

капелюх

713

краватка

z1p

застібка-блискавка

h3lm37

шолом

br4c35

підтяжки

5ch00l un1f0rm

шкільна форма

un1f0rm

уніформа

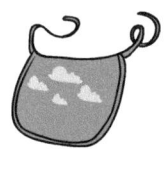

b1b

нагрудник

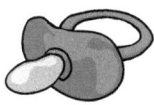

dummy

соска

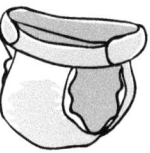

d14p3r

підгузок

0ff1c3

офіс

53rv3r
сервер
f1l1n6 c4b1n37
шаф для документів
pr1n73r
принтер
p4p3r
папір
m0n170r
монітор
d35k
письмовий стіл
m0u53
миша
f0ld3r
папка
k3yb04rd
синтезатор
w4573-p4p3r b45k37
кошик для паперу
c0mpu73r
комп'ютер
ch41r
стілець

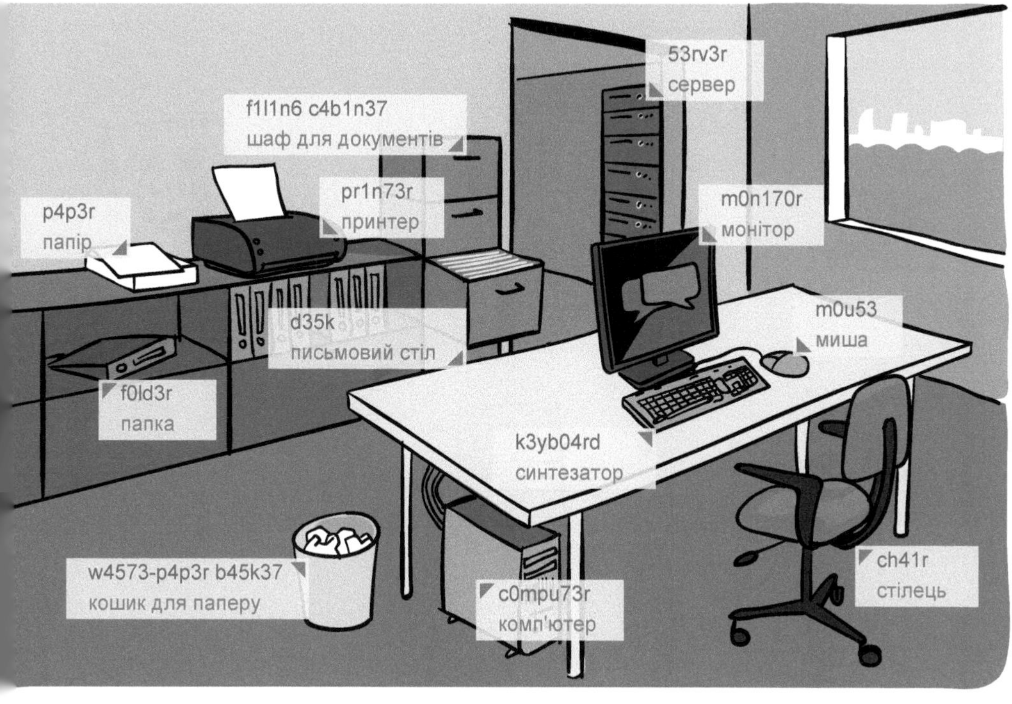

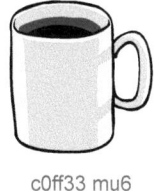

c0ff33 mu6

кавовий кухоль

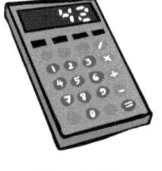

c4lcul470r

калькулятор

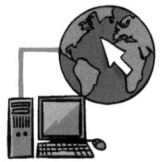

1n73rn37

інтернет

l4p70p
....
ноутбук

l3773r
....
лист

m355463
....
повідомлення

c3ll ph0n3
....
мобільний телефон

n37w0rk
....
мережа

ph070c0p13r
....
копіювальний пристрій

50f7w4r3
....
програмне забезпечення

73l3ph0n3
....
телефон

plu6 50ck37
....
розетка

f4x m4ch1n3
....
факс

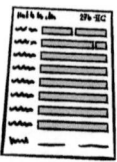

f0rm
....
бланк

d0cum3n7
....
документ

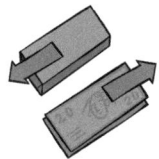

buy

купувати

p4y

платити

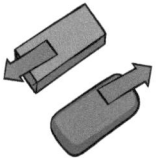

7r4d3

торгувати

m0n3y

гроші

USD

d0ll4r

долар

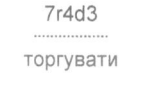

EUR

3ur0

євро

JPY

y3n

ієна

RUB

r0ubl3

рубль

CHF

5w155 fr4nc

франк

CNY

r3nm1nb1 yu4n

юанів женьміньбі

INR

rup33

рупія

c45h p01n7

банкомат

curr3ncy 3xch4n63 0ff1c3

обмінний пункт

60ld

золото

51lv3r

срібло

01l

нафта

3n3r6y

енергія

pr1c3

ціна

c0n7r4c7

контракт

74x

податок

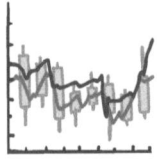

570ck

акція

w0rk

працювати

3mpl0y33

працівник

3mpl0y3r

роботодавець

f4c70ry

фабрика

5h0p

магазин

0ccup4710n5
професії

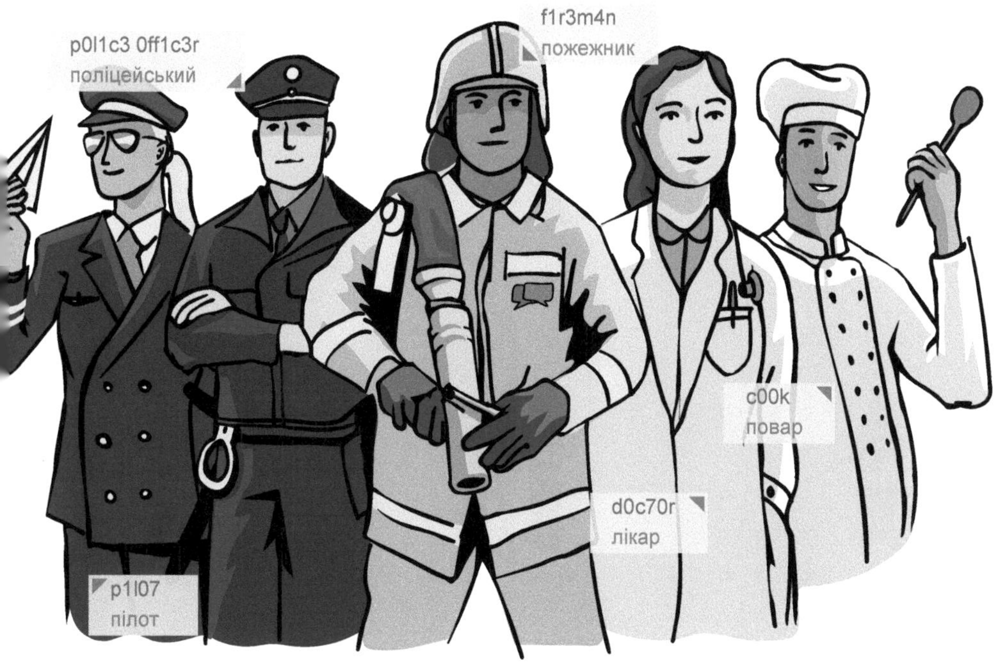

p0l1c3 0ff1c3r
поліцейський
f1r3m4n
пожежник
c00k
повар
d0c70r
лікар
p1l07
пілот

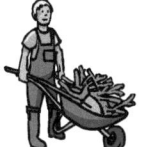

64rd3n3r

садівник

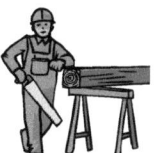

c4rp3n73r

столяр

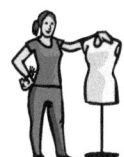

534m57r355

швачка

jud63

суддя

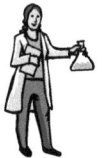

ch3m157

хімік

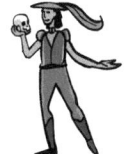

4c70r

актор

bu5 dr1v3r

водій автобуса

74x1 dr1v3r

таксист

f15h3rm4n

рибалка

cl34n1n6 l4dy

прибиральниця

r00f3r

покрівельник

w4173r

офіціант

hun73r

мисливець

p41n73r

художник

b4k3r

пекар

3l3c7r1c14n

електрик

bu1ld3r

будівельник

3n61n33r

інженер

bu7ch3r

забійник

plumb3r

бляхар

p057m4n

листоноша

50ld13r

солдат

4rch173c7

архітектор

c45h13r

касир

fl0r157

флорист

h41rdr3553r

перукар

c0nduc70r

кондуктор

m3ch4n1c

механік

c4p741n

капітан

d3n7157

дантист

5c13n7157

вчений

r4bb1

рабин

1m4m

імам

m0nk

монах

p4570r

пастор

700l5
інструменти

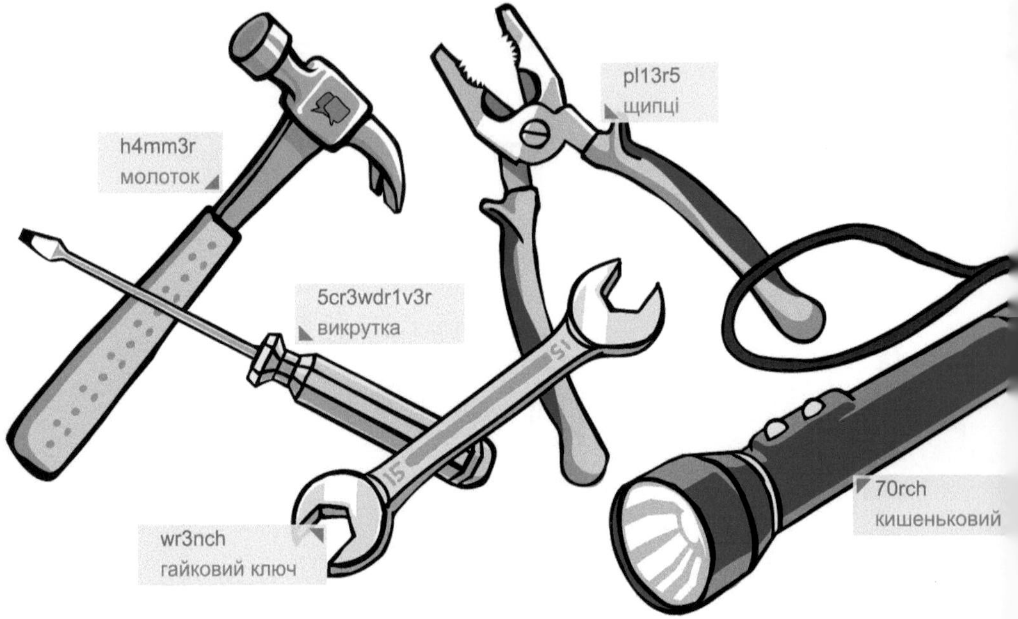
pl13r5
щипці
h4mm3r
молоток
5cr3wdr1v3r
викрутка
70rch
кишеньковий
wr3nch
гайковий ключ

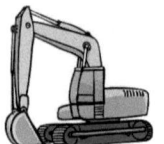

3xc4v470r

екскаватор

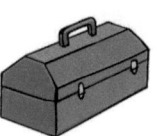

700lb0x

ящик для інструментів

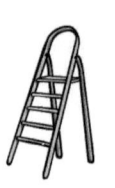

l4dd3r

драбина

54w

пилка

n41l5

цвяхи

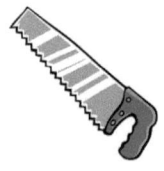

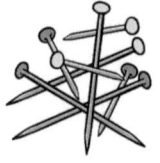

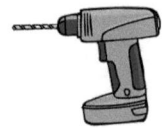

dr1ll

свердло

r3p41r

ремонтувати

5h0v3l

лопата

d4mn!

лайно!

du57p4n

совок

p41n7 c4n

відро з фарбою

5cr3w5

гвинти

mu51c4l 1n57rum3n75

музичні інструменти

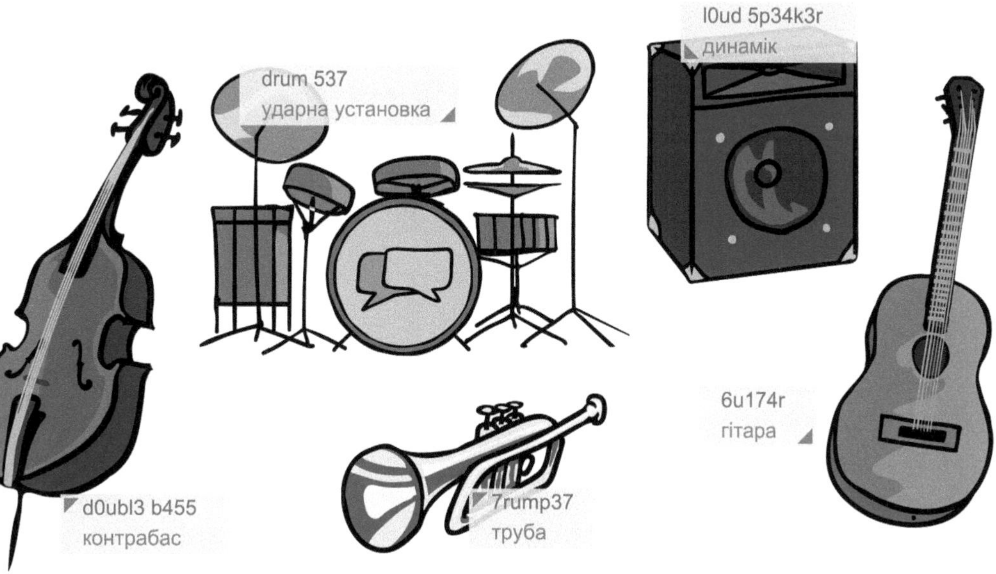

drum 537
ударна установка

l0ud 5p34k3r
динамік

d0ubl3 b455
контрабас

7rump37
труба

6u174r
гітара

p14n0

фортепіано

v10l1n

скрипка

b455

бас

71mp4n1

литаври

drum5

барабан

k3yb04rd

клавіатура

54x0ph0n3

саксофон

flu73

флейта

m1cr0ph0n3

мікрофон

z00

зоопарк

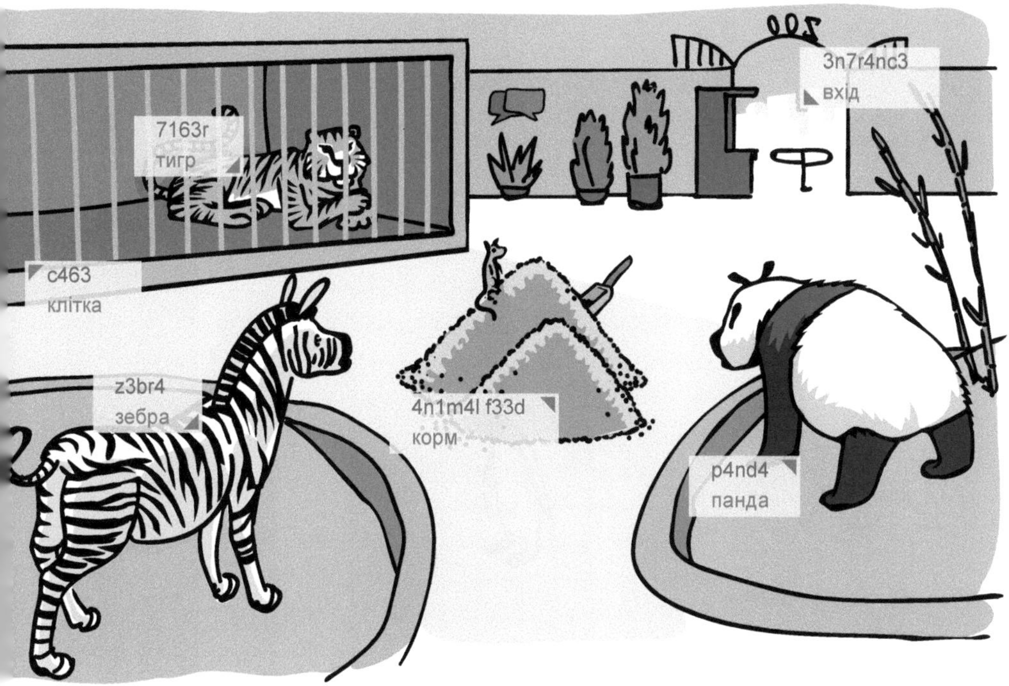

3n7r4nc3
вхід
7163r
тигр
c463
клітка
z3br4
зебра
4n1m4l f33d
корм
p4nd4
панда

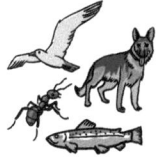

4n1m4l5

тварини

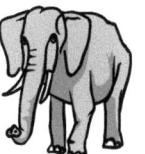

3l3ph4n7

слон

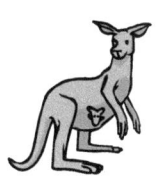

k4n64r00

кенгуру

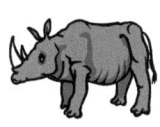

rh1n0

носоріг

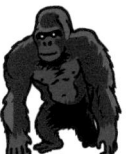

60r1ll4

горила

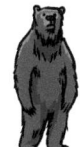

b34r

ведмідь

c4m3l

верблюд

057r1ch

страус

l10n

лев

m0nk3y

мавпа

fl4m1n60

фламінго

p4rr07

папуга

p0l4r b34r

білий ведмідь

p3n6u1n

пінгвін

5h4rk

акула

p34c0ck

павич

5n4k3

змія

cr0c0d1l3

крокодил

z00k33p3r

працівник зоопарку

534l

тюлень

j46u4r

ягуар

p0ny

поні

l30p4rd

леопард

h1pp0

гіпопотам

61r4ff3

жираф

34613

орел

b04r

кабан

f15h

риба

7ur713

черепаха

w4lru5

морж

f0x

лисиця

64z3ll3

газель

4m3r1c4n f007b4ll
американський футбол

cycl1n6
їзда на велосипеді

73nn15
теніс

b45k37b4ll
баскетбол

5w1mm1n6
плавання

b0x1n6
бокс

1c3 h0ck3y
хокей

50cc3r
футбол

b4dm1n70n
бадмінтон

47hl371c5
легка атлетика

h4ndb4ll
гандбол

5k11n6
лижні перегони

p0l0
поло

4c71v17135

дії

jump
стрибати
hu6
обіймати
l4u6h
сміятися
w4lk
йти
51n6
співати
dr34m
мріяти
pr4y
молитися
k155
цілувати

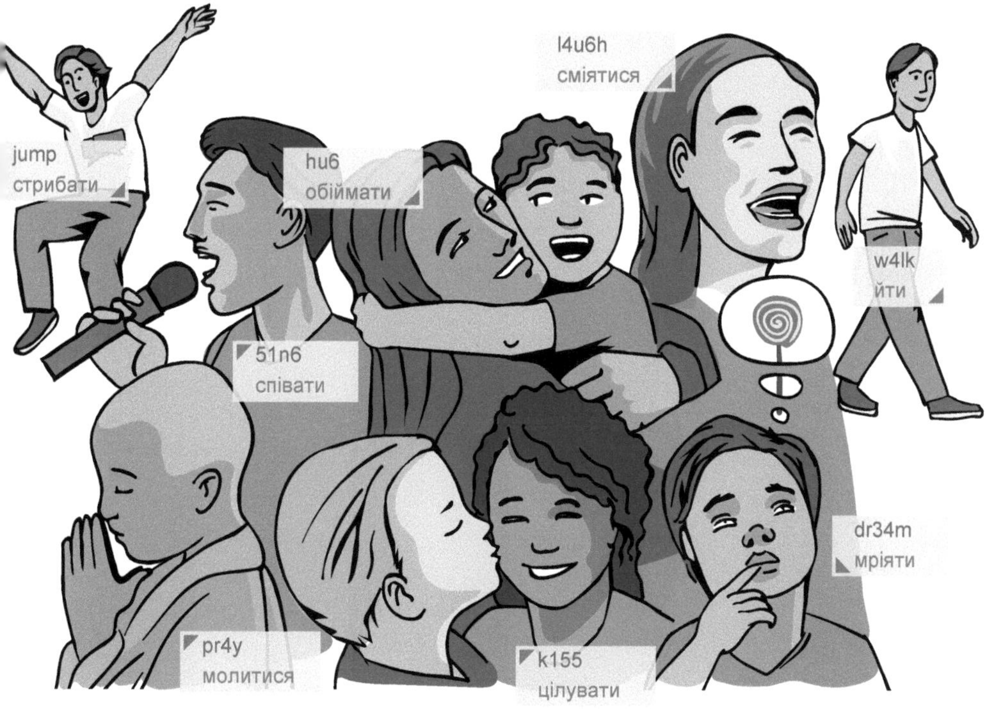

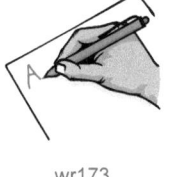

wr173

писати

dr4w

малювати

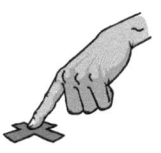

5h0w

показувати

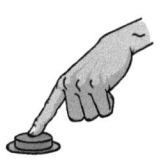

pu5h

тиснути

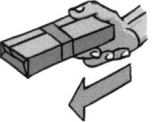

61v3

давати

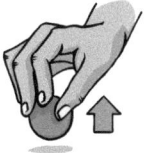

74k3

брати

h4v3

мати

d0

робити

b3

бути

574nd

стояти

run

бігати

pull

тягнути

7hr0w

кидати

f4ll

падати

l13

лежати

w417

очікувати

c4rry

носити

517

сидіти

637 dr3553d

одягати

5l33p

спати

w4k3 up

просипатися

l00k 47

дивитися

cry

плакати

57r0k3

гладити

c0mb

розчісувати

74lk

розмовляти

und3r574nd

розуміти

45k

питати

l1573n

слухати

dr1nk

пити

347

їсти

71dy up

прибирати

l0v3

любити

c00k

варити

dr1v3

їхати

fly

літати

5411

йти під вітрилом

c4lcul473

рахувати

r34d

читати

l34rn

вчитися

w0rk

працювати

m4rry

одружуватися

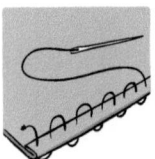

53w

шити

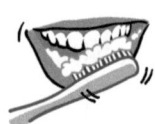

bru5h 7337h

чистити зуби

k1ll

убивати

5m0k3

курити

53nd

посилати

f4m1ly
сім'я

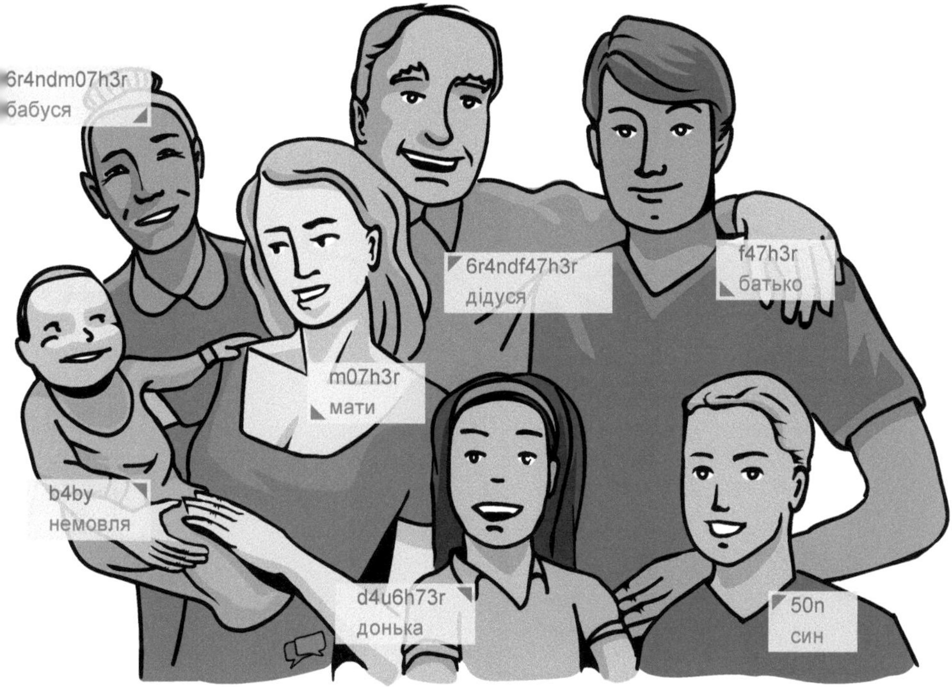
6r4ndm07h3r
бабуся
6r4ndf47h3r
дідуся
f47h3r
батько
m07h3r
мати
b4by
немовля
d4u6h73r
донька
50n
син

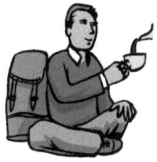

6u357
....
гість

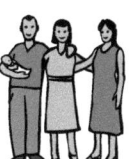

4un7
....
тітка

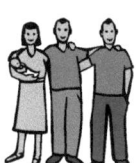

uncl3
....
дядько

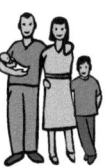

br07h3r
....
брат

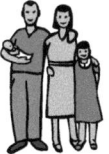

51573r
....
сестра

b0dy

тіло

f0r3h34d
чоло
3y3
око
5h0uld3r
плече
f1n63r
палець
f4c3
обличчя
ch1n
підборіддя
h4nd
кисть
l36
нога
br3457
груди
4rm
рука

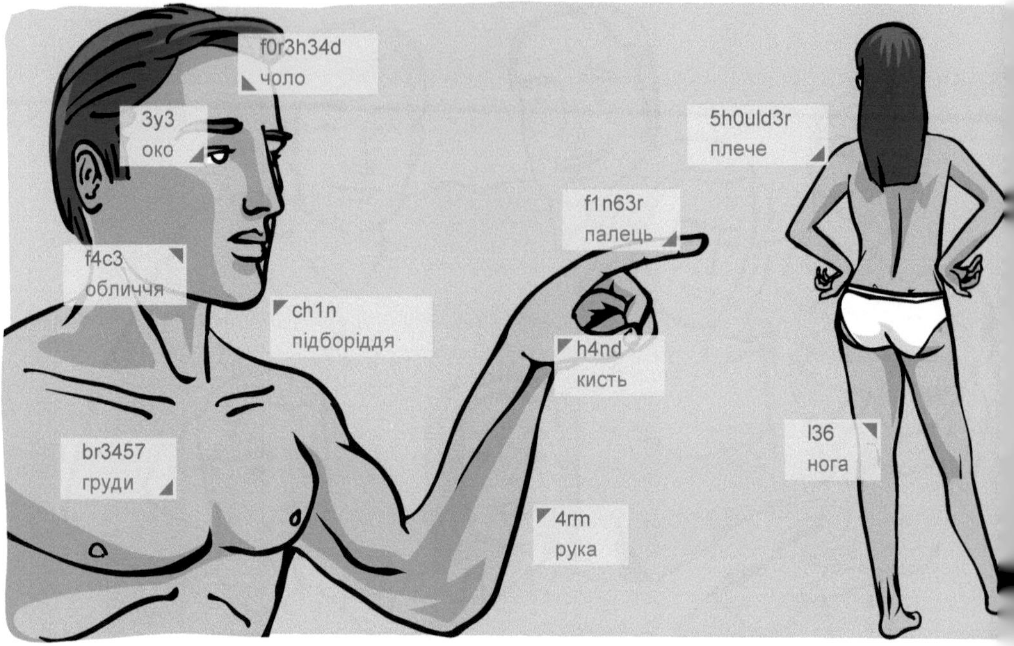

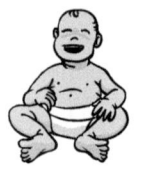

b4by

немовля

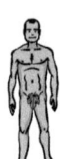

m4n

чоловік

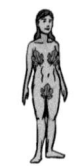

w0m4n

жінка

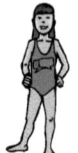

61rl

дівчина

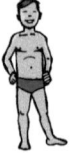

b0y

хлопчик

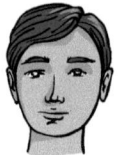

h34d

голова

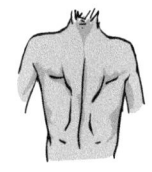

b4ck

спина

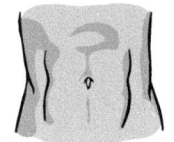

b3lly

живіт

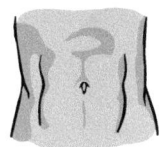

n4v3l

пуп

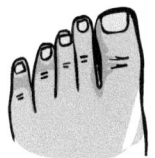

703

палець ноги

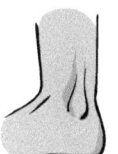

h33l

п'ята

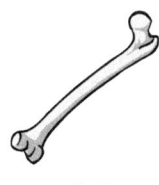

b0n3

кістка

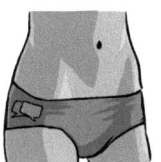

h1p

стегно

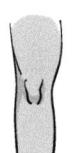

kn33

коліно

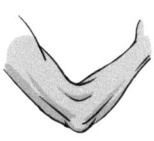

3lb0w

лікоть

n053

ніс

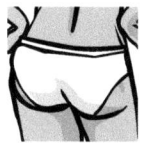

bu770ck5

сідниці

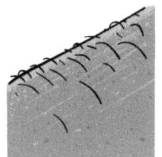

5k1n

шкіра

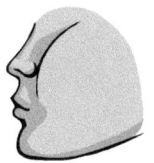

ch33k

щока

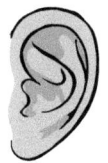

34г

вухо

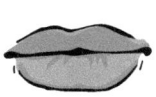

l1p

губа

b0dy - тіло

69

m0u7h

рот

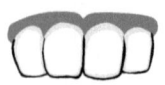

7007h

зуб

70n6u3

язик

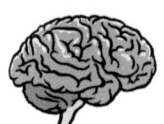

br41n

мозок

h34r7

серце

mu5cl3

м'яз

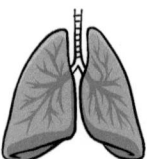

lun6

легені

l1v3r

печінка

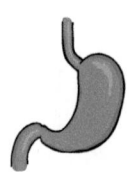

570m4ch

шлунок

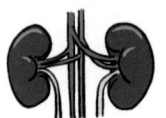

k1dn3y5

нирки

53x

статевий акт

c0nd0m

презерватив

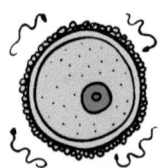

0vum

яйцеклітина

53m3n

сперма

pr36n4ncy

вагітність

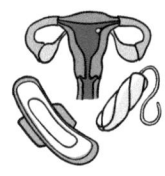

m3n57ru4710n

менструація

v461n4

вагіна

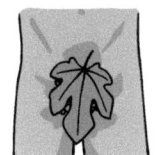

p3n15

пеніс

3y3br0w

брова

h41r

волосся

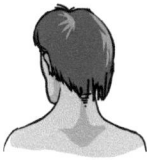

n3ck

шия

b0dy - тіло

h05p174l

лікарня

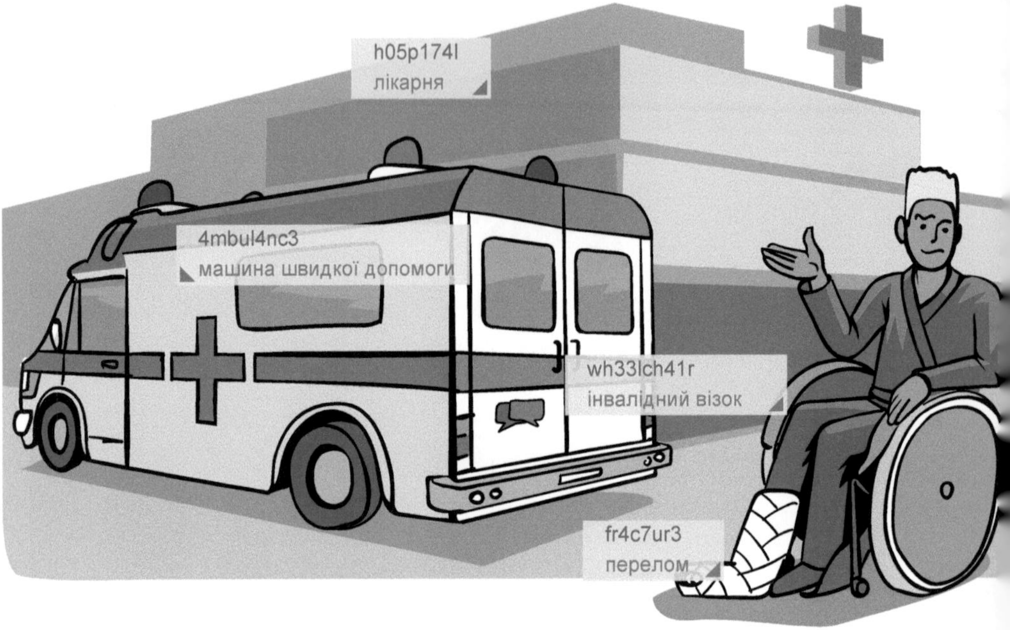

h05p174l
лікарня
4mbul4nc3
машина швидкої допомоги
wh33lch41r
інвалідний візок
fr4c7ur3
перелом

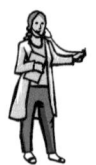

d0c70r

лікар

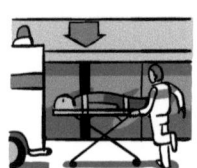

3m3r63ncy r00m

відділення швидкої медичної допомоги

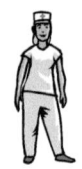

nur53

медсестра

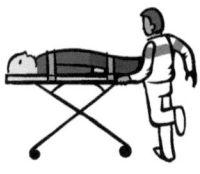

3m3r63ncy

аварійний випадок

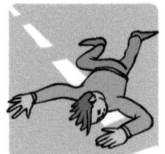

unc0n5c10u5

непритомний

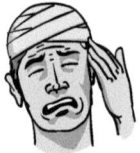

p41n

біль

1njury

травма

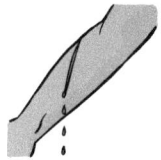

bl33d1n6

кровотеча

h34r7 4774ck

інфаркт

57r0k3

інсульт

4ll3r6y

алергія

c0u6h

кашель

f3v3r

лихоманка

flu

грип

d14rrh34

пронос

h34d4ch3

головна біль

c4nc3r

рак

d14b3735

діабет

5ur630n

хірург

5c4lp3l

скальпель

0p3r4710n

операція

c7

КТ

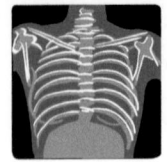

x-r4y

рентген

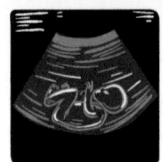

ul7r450und

ультразвук

f4c3 m45k

маска

d153453

хвороба

w4171n6 r00m

зал очікування

cru7ch

милиця

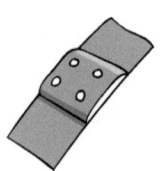

pl4573r

пластир

b4nd463

пов'язка

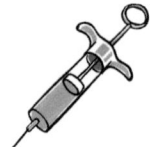

1nj3c710n

ін'єкція

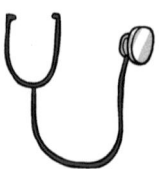

5737h05c0p3

стетоскоп

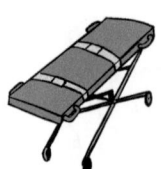

57r37ch3r

ноші

cl1n1c4l 7h3rm0m373r

термометр

b1r7h

народження

0v3rw316h7

надмірна вага

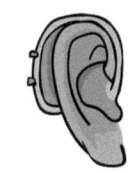

h34r1n6 41d

слуховий апарат

d151nf3c74n7

дезінфікуючий засіб

1nf3c710n

інфекція

v1ru5

вірус

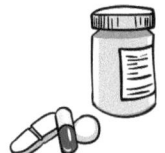

h1v / 41d5

ВІЛ / СНІД

m3d1c1n3

медицина

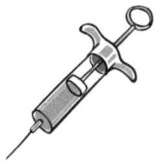

v4cc1n4710n

вакцинація

74bl375

таблетки

p1ll

протизаплідна пігулка

3m3r63ncy c4ll

екстрений виклик

bl00d pr355ur3 m0n170r

тонометр

1ll / h34l7hy

хворий / здоровий

h3lp!

Допоможіть!

4554ul7

напад

4l4rm

сигнал тривоги

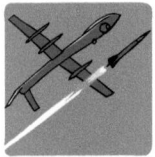

4774ck

атака

d4n63r

небезпека

3m3r63ncy 3x17

аварійний вихід

f1r3!

Вогонь!

f1r3 3x71n6u15h3r

вогнегасник

4cc1d3n7

аварія

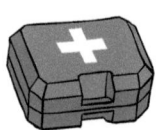

f1r57-41d k17

аптечка

505

СОС

p0l1c3

поліція

3ur0p3

Європа

n0r7h 4m3r1c4

Північна Америка

50u7h 4m3r1c4

Південна Америка

4fr1c4

Африка

4514

Азія

4u57r4l14

Австралія

47l4n71c

Атлантика

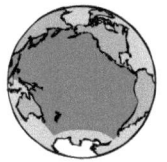

p4c1f1c

Тихий океан

1nd14n 0c34n

Індійський океан

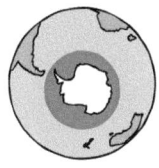

4n74rc71c 0c34n

Антарктичний океан

4rc71c 0c34n

Північний Льодовитий
океан

n0r7h p0l3

Північний полюс

50u7h p0l3

Південний полюс

4n74rc71c4

Антарктика

34r7h

Земля

l4nd

суша

534

море

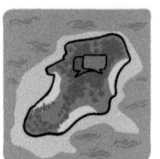

15l4nd

острів

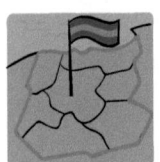

n4710n

нація

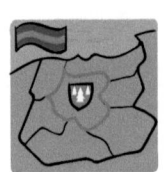

57473

держава

cl0ck f4c3

циферблат

h0ur h4nd

годинникова стрілка

m1nu73 h4nd

хвилинна стрілка

53c0nd h4nd

секундна стрілка

wh47 71m3 15 17?

Котра година?

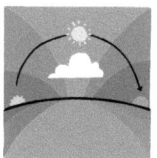

d4y

день

71m3

час

n0w

зараз

d16174l w47ch

цифровий годинник

m1nu73

хвилина

h0ur

година

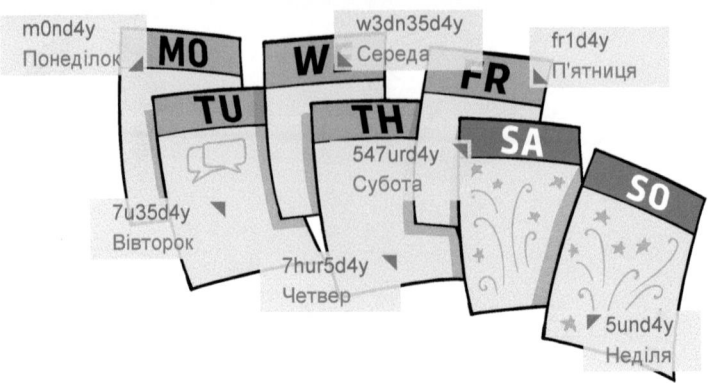

m0nd4y
Понеділок

w3dn35d4y
Середа

fr1d4y
П'ятниця

7u35d4y
Вівторок

547urd4y
Субота

7hur5d4y
Четвер

5und4y
Неділя

y3573rd4y

вчора

70d4y

сьогодні

70m0rr0w

завтра

m0rn1n6

ранок

n00n

опівдні

3v3n1n6

вечір

w0rkd4y5

робочі дні

w33k3nd

кінець робочого тижня

y34r

рік

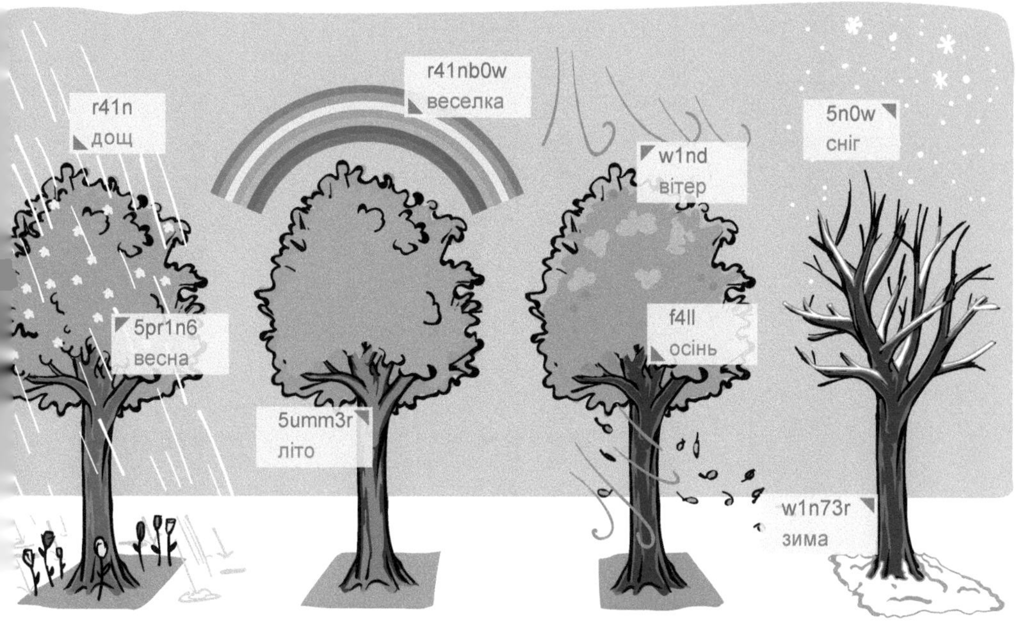

r41n
дощ
r41nb0w
веселка
5n0w
сніг
w1nd
вітер
5pr1n6
весна
f4ll
осінь
5umm3r
літо
w1n73r
зима

4.APRIL 11°
5.APRIL 4°
6.APRIL 13°
7.APRIL 8°
8.APRIL 10°

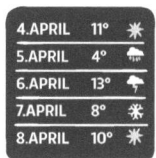

w347h3r f0r3c457

прогноз погоди

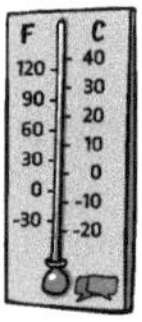

7h3rm0m373r

термометр

5un5h1n3

сонячне світло

cl0ud

хмара

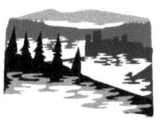

f06

туман

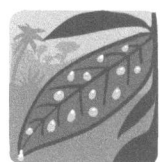

hum1d17y

вологість повітря

l16h7n1n6

блискавка

7hund3r

грім

570rm

шторм

h41l

град

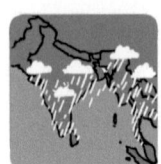

m0n500n

мусон

fl00d

повінь

1c3

лід

j4nu4ry

Січень

f3bru4ry

Лютий

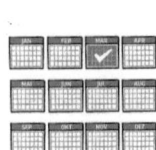

m4rch

Березень

4pr1l

Квітень

m4y

Травень

jun3

Червень

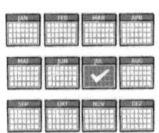

july

Липень

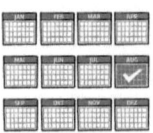

4u6u57

Серпень

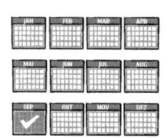

53p73mb3r

Вересень

0c70b3r

Жовтень

n0v3mb3r

Листопад

d3c3mb3r

Грудень

5h4p35

форми

c1rcl3

круг

5qu4r3

квадрат

r3c74n6l3

прямокутник

7r14n6l3

трикутник

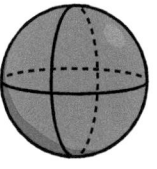

5ph3r3

куля

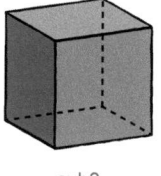

cub3

куб

wh173

білий

y3ll0w

жовтий

0r4n63

помаранчевий

p1nk

рожевий

r3d

червоний

purpl3

фіолетовий

blu3

синій

6r33n

зелений

br0wn

коричневий

6r4y

сірий

bl4ck

чорний

4 l07 / 4 l177l3

багато / мало

4n6ry / c4lm

лютий / мирний

b34u71ful / u6ly

гарний / бридкий

b361nn1n6 / 3nd

початок / кінець

b16 / 5m4ll

великий / малий

br16h7 / d4rk

світлий / темний

br07h3r / 51573r

брат / сестра

cl34n / d1r7y

чистий / брудний

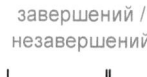

c0mpl373 / 1nc0mpl373

завершений /
незавершений

d4y / n16h7

день / ніч

d34d / 4l1v3

мертвий / живий

w1d3 / n4rr0w

широкий / вузький

3d1bl3 / 1n3d1bl3

їстівний / неїстівний

3v1l / k1nd

злий / дружній

3xc173d / b0r3d

збуджений / нудьгуючий

f47 / 7h1n

товстий / тонкий

f1r57 / l457

спочатку / востаннє

fr13nd / 3n3my

друг / ворог

full / 3mp7y

повний / порожній

h4rd / 50f7

жорсткий / м'який

h34vy / l16h7

важкий / легкий

hun63r / 7h1r57

голод / спрага

1ll / h34l7hy

хворий / здоровий

1ll364l / l364l

незаконний / законний

1n73ll163n7 / 57up1d

розумний / дурний

l3f7 / r16h7

вліво / вправо

n34r / f4r

поруч / далеко

n3w / u53d

новий / використаний

n07h1n6 / 50m37h1n6

нічого / щось

0ld / y0un6

старий / молодий

0n / 0ff

вкл / викл

0p3n / cl053d

відкрито / закрито

qu137 / l0ud

тихо / гучно

r1ch / p00r

багатий / бідний

r16h7 / wr0n6

правильно / неправильно

r0u6h / 5m007h

шорсткий / гладкий

54d / h4ppy

сумний / щасливий

5h0r7 / l0n6

короткий / довгий

5l0w / f457

повільно / швидко

w37 / dry

вологий / сухий

w4rm / c00l

гарячий / холодний

w4r / p34c3

війна / мир

0

z3r0

нуль

1

0n3

один

2

7w0

два

3

7hr33

три

4

f0ur

чотири

5

f1v3

п'ять

6

51x

шість

7

53v3n

сім

8

316h7

вісім

9

n1n3

дев'ять

10

73n

десять

11

3l3v3n

одинадцять

12
7w3lv3
дванадцять

13
7h1r733n
тринадцять

14
f0ur733n
чотирнадцять

15
f1f733n
п'ятнадцять

16
51x733n
шістнадцять

17
53v3n733n
сімнадцять

18
316h733n
вісімнадцять

19
n1n3733n
дев'ятнадцять

20
7w3n7y
двадцять

100
hundr3d
сто

1.000
7h0u54nd
тисяча

1.000.000
m1ll10n
мільйон

мови

3n6l15h

англійська

4m3r1c4n 3n6l15h

американська англійська

ch1n353 m4nd4r1n

китайська
високочиновницька

h1nd1

хінді

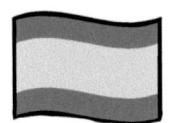

5p4n15h

іспанська

fr3nch

французька

4r4b1c

арабська

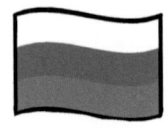

ru5514n

російська

p0r7u6u353

португальська

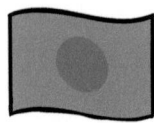

b3n64l1

бенгальська

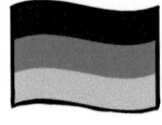

63rm4n

німецька

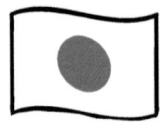

j4p4n353

японська

1
....
я

y0u
....
ти

h3 / 5h3 / 17
....
він / вона / воно

w3
....
ми

y0u
....
ви

7h3y
....
вони

wh0?
....
хто?

wh47?
....
що?

h0w?
....
як?

wh3r3?
....
де?

wh3n?
....
коли?

n4m3
....
ім'я

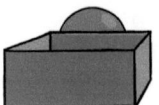

b3h1nd

ззаду

1n

в

1n fr0n7 0f

перед

0v3r

над

0n

на

und3r

під

b351d3

біля

b37w33n

між

pl4c3

місце